KB045594

그들은 로마를 만들었고,
로마는 역사가 되었다

그들은 로마를 만들었고, 로마는 역사가 되었다

서가명강 20

카이사르에서 콘스탄티누스까지, 제국의 운명을 바꾼 리더들

김덕수 지음

서울대학교
역사교육과 교수

21세기북스

이 책을 읽기 전에 학문의 분류

자연과학

自然科學, Natural Science

과학, 수학, 화학, 물리학, 생물학, 천문학, 공학, 의학

사회과학

社會科學, Social Science

경영학, 심리학, 법학, 정치학, 외교학, 경제학, 사회학

예술

藝術, Arts

음악, 미술, 무용

인문학

人文學, Humanities

언어학, 철학, 종교학, 문학, 고고학, 미학, 역사학

역사학

歷史學, History

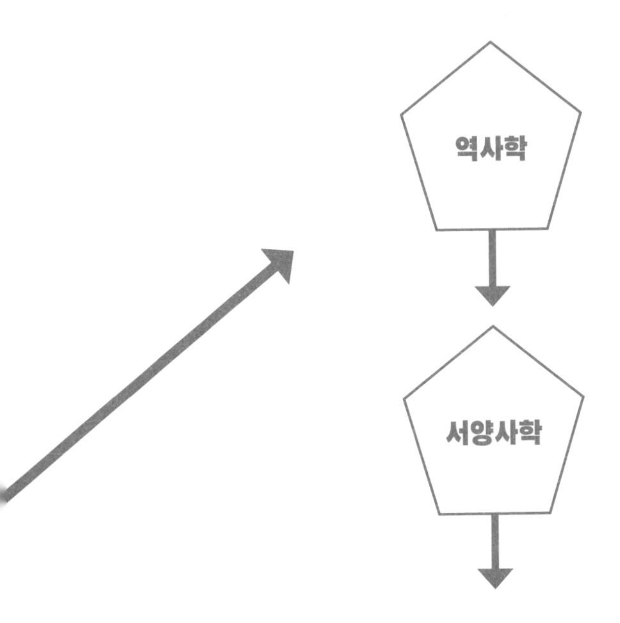

서양사학이란?

西洋史學, Western History

서양 세계를 하나의 문화권으로 보고 그 문화의 변천 과정을 탐구하는 학문이다. 유럽과 아메리카는 물론이고 지중해에 인접한 아프리카와 서남아시아 지역의 일부 역사도 서양사의 범주에 포함된다. 서양사는 세계사의 일부로서 그 자체의 독자성과 특수성을 가지고 있다. 근대 이후 서세동점의 영향으로 서양 문명이 비서양 세계로 확산되면서 사실상 세계사적 보편성을 띠고 있어, 서양사학은 서양에 대한 이해뿐만 아니라, 역사의 보편적 인식과 이론에 하나의 기본적 틀을 제시해주고 있다.

이 책을 읽기 전에 주요 키워드

로마(Roma)

기원전 753년에 이탈리아 반도 중서부의 라티움 지역에서 건국된 고대국가다. 왕정 시대에 라티움 지방의 도시국가로 모습을 드러낸 뒤 공화정 시대인 기원전 3세기 초 이탈리아 반도를 통일하고 지중해 제국으로 성장했다. 기원전 27년에 아우구스투스가 제정을 수립한 뒤 로마의 평화가 지중해 전역으로 펴져나갔다. 서기 395년에 동서 로마로 나뉜 뒤 476년에는 서로마제국이, 1453년에는 동로마(비잔티움)제국이 멸망하면서 '로마'라는 국가명은 사라졌다. 오늘날 로마는 이탈리아의 수도에 지나지 않지만 로마 공화정, 로마 가톨릭, 로마 법, 로마 건축 등 로마의 문명은 서양 문명의 주요 요소가 되어 전 세계에 영향을 끼치고 있다.

삼두정치(三頭政治, triumvirate)

광대한 로마제국을 3인의 강력한 리더들이 분할해 통치하던 것을 말한다. 제1차 삼두정치는 기원전 60년에 카이사르의 주도로 폼페이우스와 크라수스를 끌어들여 결성했다. 기원전 53년에 크라수스가 파르티아 원정에 나갔다가 전사하는 바람에 사실상 와해되었다. 이후 폼페이우스와의 내전에서 승리한 카이사르는 종신독재관으로 막강한 권력을 행사하다가 기원전 44년 3월 원로원에서 공화정파에게 모살당한다. 제2차 삼두정치는 기원전 43년 11월에 카이사르의 양자 옥타비아누스가 카이사르의 부하였던 안토니우스, 레피두스와 손잡고 결성했다. 기원전 36년에 레피두스가 권좌에서 축출되면서 삼두정치는 해체되었다.

팍스 로마나(Pax Romana)

기원전 27년에 아우구스투스의 통치를 시작으로 서기 2세기 말까지 200여 년 동안 지중해 전역에서 혼란과 무질서가 사라진 평화와 안정의 시기를 말한다. 특히 서기 2세기의 오현제 시대에는 유능한 황제들이 양자 제도를 통해 제위를 계승하면서 정치적 안정과 평화가 유지되었다. 그러나 오현제 시대에도 트라야누스는 다키아 전쟁, 파르티아 전쟁에 시달렸고, 마르쿠스 아우렐리아누스 황제는 통치 후반기를 대부분 게르마니아 최전선에서 보내야 했다.

4제 통치(tetrarchy)

디오클레티아누스가 293년에 광대한 로마제국을 동부와 서부로 나누고, 그것을 다시 둘로 나누어 네 명의 황제가 분할 통치하던 체제를 말한다. 두 명의 황제는 아우구스투스, 그리고 두 명의 부황제는 카이사르로 칭했다. 디오클레티아누스와 막시미아누스는 아우구스투스로서 각각 로마제국의 동부와 서부 지역을 통치했고, 그 밑에 리키니우스와 콘스탄티우스가 부황제로서 각각 로마제국의 동부와 서부 지역을 통치했다. 305년에 디오클레티아누스와 막시미아누스가 황제직에서 퇴위하고 콘스탄티우스와 리키니우스가 아우구스투스로서 황제 자리를 맡았다. 하지만 이후 내전이 일어나 결국 324년에 콘스탄티누스가 단독 황제가 되어 4제 통치는 더 이상 이어지지 않았다.

밀라노 칙령(Edict of Milan)

서기 313년 봄에 콘스탄티누스와 리키니우스가 밀라노에서 만나 모든 종교에 대한 관용을 선포한 칙령이다. 종교적인 예배나 제의에 대해 로마 정부가 일체 관여하지 않기로 공언한 것이다. 이로 인해 300여 년 이상 불법 종교로 박해를 받아온 그리스도교가 합법 종교가 되고, 박해 때 몰수했던 교회의 토지나 재산을 돌려주도록 함으로써 그리스도교가 제국 종교로 발전하는 계기가 되었다.

콘스탄티노폴리스(Constantinopolis)

콘스탄티누스 황제가 그리스의 식민시 비잔티움 자리에 건설한 도시로 'Nova Roma(새로운 로마)'로 불리다가 '콘스탄티누스의 도시'라는 뜻의 '콘스탄티노폴리스'로 명명되었다. 유럽과 아시아가 만나는 보스포루스 해협 입구에 위치해 동서 교역과 교통의 요지가 되었고, 동로마제국의 수도로서 천 년 이상 번영을 지속했다. 1453년에 오스만 튀르크에 정복된 이후로는 '이스탄불'로 개명되어 오늘에 이르고 있다.

차례

"리더 한 사람으로 인해 나라가 흥하기도 하고 망하기도 한다. 훌륭한 리더는 그 자신에게도, 국민에게도 중요하다는 사실을 로마의 역사가 말해준다."

들어가는 글
왜 로마인가

"로마는 하루 아침에 이루어지지 않았다"는 말이 있다. 중세 프랑스에서 만들어진 이 말은 영어로, 그리고 세계 여러 나라의 언어로 번역되어 위대한 일은 시간이 걸린다는 뜻으로 사용되고 있다. 기원전 8세기 중엽에 이탈리아 중서부, 라티움 지방의 작은 일곱 개의 언덕 마을에서 시작된 로마는 500여 년 뒤에 이탈리아 반도를 통일하고 이후 동서 지중해 지역과 유럽, 아시아, 아프리카를 정복하는 대제국을 이루었다. 하지만 로마제국의 '성공 신화'를 시오노 나나미식의 찬양 일변도로 볼 것인지는 성찰이 필요하다. 20세기 전반부에 이른바 '대일본제국'을 건설했던 '가깝고도 먼' 나라 일본의 지배로 인한 아픔이 아직 가시지 않은 우리에게는 특히 그러하다.

하지만 (서)로마제국이 5세기에 해체된 뒤 '로마화'(문명화)되어 오늘날까지 발전해온 프랑스, 영국, 에스파냐 등을 보면 그곳이 로마의 지배하에 서양 문명 세계의 일원이 되었음은 부인할 수 없는 역사적 사실이고, 오늘날 그 땅에 사는 사람들도 이를 자신들의 고대사의 일부로 다루고 있다. 고구려사를 두고 중국과 우리가 역사 전쟁을 하는 것과는 다른 양상이다.

우리에게 로마사는 어떠한가? 일제의 지배로부터 해방된 우리는 반만 년 이상 이어온 왕정 체제를 버리고 민주 '공화국'을 선언하고 오늘에 이르고 있다. 최근 우리 국민의 종교 분포에 대한 갤럽 조사(2021. 4.)에 따르면 종교가 있다고 응답한 국민 중에 개신교가 17퍼센트, 불교가 16퍼센트, 천주교가 6퍼센트였다. 우리 국민의 23퍼센트, 그리고 종교를 가진 국민의 57퍼센트가 로마 시대 국교가 되어 서양 문명을 주도해온 기독교(개신교+천주교)를 신봉하고 있는 셈이다. 로마는 공적·사적 영역에서 우리 안에 깊이 자리하고 있는 것이다.

지중해 제국으로의 로마의 성장은 로마 인민 전체의 업

적이지만 그럼에도 탁월한 리더십으로 로마를 이끈 리더들의 역할의 중요성을 부인할 수 없다.

이 책에서는 많은 로마의 지도자들 중 네 명에 대해 집중적으로 살펴볼 것이다. 오늘날 프랑스 땅인 유럽 중앙부로 로마의 세력권을 확장하고 장차 로마 문명이 서양 문명의 토대가 되는 데에 크게 기여한 카이사르, 내전의 최후 승자이자 초대 황제로서 로마 평화의 첫 발을 내딛은 아우구스투스, 3세기 중엽 군인 황제 시대에 내우외환의 혼란상을 극복하고 로마제국 장기 발전의 토대를 구축한 디오클레티아누스, 그리고 마지막으로 그리스도교를 공인하고 로마가 그리스도교 국가로 가는 길을 연 콘스탄티누스의 업적과 지도자로서의 역량을 알아보고자 한다. 그들이 이룬 업적의 일부는 그대로 오늘날의 우리에게도 영향을 주고 있기 때문이다.

2021년 11월

김덕수

1부

Caesar

카이사르,

불멸의 영웅이

되다

쿠데타를 일으켜 공화정의 전통을 파괴하고 권력을 독점해 자유를 압살한 독재자이자 명예와 권력에 도취되어 결국 비참한 최후를 맞이한 카이사르. 그러나 갈리아를 정복해 로마의 영토를 확장한 영웅이자 정적까지도 포용하는 관용을 베푼 탁월한 지도자 카이사르. 어느 쪽이 진짜 그의 얼굴일까?

죽어서 신이 된 남자

주사위는 던져졌다

로마인은 어떻게 세계를 지배할 수 있었을까? 카이사르, 아우구스투스, 디오클레티아누스, 콘스탄티누스, 로마를 만든 이 네 명의 리더를 통해 1200년간의 로마사를 들여다보는 것은 조금 다른 시각으로 역사를 접하는 또 하나의 흥미로움일 것이다.

먼저 우리에게도 아주 잘 알려져 있는 불멸의 영웅 카이사르의 이야기부터 해보자. 그는 어떻게 해서 오늘날 우리에게까지 이토록 낯익은 인물이 될 수 있었을까?

'주사위는 던져졌다.' 우리에게 너무나도 익숙한 이 말은 카이사르가 기원전 49년, 자신의 군대를 이끌고 루비콘 강을 건너 이탈리아로 진격하면서 병사들에게 했던 말이다. 루비콘 강은 오늘날 이탈리아 북동부 연안의 라벤나에서 남쪽으로 30킬로미터 지점을 지나 아드리아 해로 흘러들어가는 강이다. 그 강은 북쪽의 갈리아 키살피나 속주와 로마 본국의 자연 경계다. 카이사르는 고민하지 않을 수 없었다. 군대와 함께 강을 건너는 것은 사실상 쿠데타였기 때문이다. 눈앞에 펼쳐질 상황이 얼마나 엄중한지 잘 알았기에 그는 끝까지 망설였다.

수에토니우스Gaius Suetonius Tranquillus의 『카이사르의 생애』(31-32장)에는 당시 상황이 잘 그려져 있다. 그는 루비콘 강 앞에서 주위에 있는 부하들을 보며 말했다. "지금은 우리가 돌아가는 것이 가능하다. 그러나 저 다리를 건너는 순간 모든 문제는 칼로 해결한다." 그들이 잠시 주춤거리고 있을 때 갑자기 한 유령spiritus이 나타나 나팔수의 트럼펫tuba을 빼앗아 불며 강 건너편으로 갔다. 그러자 카이사르가 외쳤다. "신들이 향한 곳, 적들의 불의가 있는 곳으로 나아가자. 주사위는 던져졌다."

이 말은 원래 그리스 희극 작가 메난드로스Menandros의 작품에 나오는 것으로 알려져 있고, 플루타르코스Plutarchos의

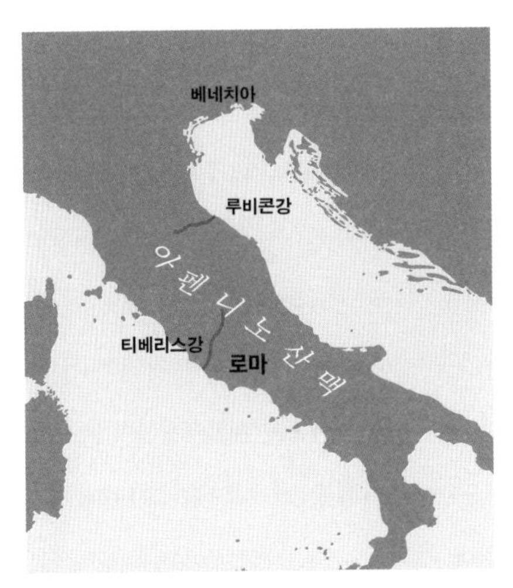

이탈리아 북부 리미니 부근에서 아드리아 해로 흘러들어가는 루비콘 강

『영웅전』 중 「폼페이우스 전기」(59장 2절)에는 "주사위를 던져라"라고 표현되어 있다.

주사위를 던지는 사람은 자기에게 유리한 숫자를 기대하지만 어떤 결과가 나올지는 아무도 모른다. 자신이 원하는 숫자가 나올 수도 있고, 반대로 자신을 불리하게 만드는 숫자가 나올 수도 있다. 카이사르는 던져진 주사위처럼 이제 돌이킬 수 없는 길을 선택했음을 강조하며 병사들에게 이 말을 했으리라.

왔노라, 보았노라, 이겼노라

카이사르의 명언 가운데 유명한 또 하나는 '왔노라, 보았노라, 이겼노라'이다. 이 말은 오늘날에도 체육대회나 운동경기에서 우승한 사람이나 팀을 환영하는 현수막에 그대로 적어 넣거나 또는 재미있게 패러디해 사용하는 표현이다. 기원전 48년 폼페이우스Gnaeus Pompeius Magnus와의 내전에서 승리한 카이사르는 이집트에 머물며 클레오파트라를 권좌에 복귀시켰고, 그해 겨울 여왕과 '행복한' 시간을 보냈다.

그러나 로마의 내전을 틈타 미트리다테스의 아들 파르나케스가 로마에 반기를 들었다. 그는 오늘날 터키 북동부의 폰투스와 카파도키아, 그리고 소아르메니아를 장악한 뒤 로마 시민들에게 잔학 행위를 자행하고 있었다. 아시아 총독 칼비누스가 이끄는 로마 군대도 참패하면서 동부 지중해 세계에서 로마의 패권이 크게 흔들리게 되었다.

이 소식을 들은 카이사르는 기원전 47년 봄에 급히 소아시아로 향했다. 그는 5일 동안의 작전 끝에 젤라에서 파르나케스와 그의 반란군을 격파해 궤멸시켰다. 카이사르는 로마에 있는 친구 마티우스에게 '왔노라, 보았노라, 이겼노라'의 뜻을 지닌 라틴어 "VENI, VIDI, VICI"라는 세 마디로 승리의 소식을 전해 로마 시민들을 열광케 했다. 또한 기원전 46년 갈리아 전쟁의 승리를 시작으로 그가 얻은 다섯 번의 큰 승리를 기념하는 개선식을 올렸는데, 폰투스 전쟁의 승리를 기념하는 두 번째 날에 화려하게 장식된 개선 마차에 전쟁의 승리를 표현한 그림 대신 간단하게 "VENI, VIDI, VICI"라고 쓴 현수막을 걸어 그의 문장력을 입증했다.

브루투스, 너마저!

카이사르가 한 말 중 우리에게 익숙한 또 하나는 "브루투스, 너마저!"이다. "브루투스 너마저!"는 셰익스피어 『줄리어스 시저』(3막1장)의 명대사로 유명하진 말이다. 수에토니우스의 『카이사르 전기』 82장에는 자신을 공격하는 브루투스에게 그리스어로 "카이 쒸 테크논Και συ τέκνον"이라 말했다고 전해지는데, "아이야 너마저"라는 뜻이다. 브루투스Marcus Junius Brutus는 카이사르가 사랑했던 연인 세르빌리아의 아들이다. 비록 자신과 정치적 행보는 달랐으나 카이사르는 끝까지 그를 포용하고 관용을 베풀었다. 그러나 카이사르는 공화정을 지지하던 원로원 의원들에 의해 끝내 죽임을 당하는데, 스물세 곳이나 칼에 찔려 죽음을 맞이하는

빈첸초 카무치니의 〈카이사르의 죽음〉(1798)

순간 그는 모살단 무리에서 브루투스를 보게 된다. 그리고 그를 향해 이렇게 말한다. "브루투스, 너마저!" 이 말은 자신이 끔찍이 사랑했던 친구나 지인에게 배신을 당했을 때 쓰이는 명언이 되었다.

빈첸초 카무치니Vincenzo Camuccini의 그림 〈카이사르의 죽음〉에는 카이사르가 모살당하는 장면이 그대로 표현되어 있다. 카이사르가 공화주의자 원로원 의원들에 둘러싸여 칼을 맞는 모습이다. 사실 카이사르뿐만 아니라 많은 원로원 의원들도 당시 이러한 상황이 벌어질 것을 예상하지 못했다. 그러나 한때 지중해 세계에 그 명성이 울려 퍼졌던 카이사르는 원로원 회의장에서 허망하게 생을 마감했다. 이 그림의 배경으로 폼페이우스의 입상이 보이는데, 이곳이 바로 폼페이우스가 건립한 극장 복합건물 단지 안의 원로원 회의장이라는 것을 알 수 있다.

카이사르의 정적이었던 폼페이우스는 내전 당시 카이사르에게 패하고 이집트로 망명해 있다가 그곳에서 암살되었다. 아이러니하게도 카이사르는 폼페이우스가 만든 건물에서, 그것도 그의 입상 아래에서 공화정파 원로원 의원들에 의해 죽음을 당하게 된다. 카이사르는 자신에게 칼을 겨눈 원로원 무리 속에서 브루투스를 보게 되고, 결국 "브루투스, 너마저!"라는 말을 끝으로 생을 마감한다.

이외에도 카이사르의 죽음을 소재로 한 그림들이 많은데, 그의 존재감을 확인할 수 있는 부분이기도 하다. 우리는 카이사르의 조각상을 로마와 이탈리아 광장 곳곳에서, 그리고 토리노 이집트 박물관이나 바티칸 박물관, 나폴리 국립 고고학 박물관 등에서 흔하게 볼 수 있다. 여러 종류의 주화들에도 카이사르의 이름이 새겨질 정도로 그는 한 시대를 풍미한 역사적인 인물이다.

전 세계 여행자들의 발길이 끊이지 않는 포로 로마노 광

로마의 카이사르 광장 앞에 세워진 카이사르 입상

장의 건너편에는 카이사르 광장이 있다. 로마 광장은 로마 공화정 시기의 유일한 광장이었으나 카이사르가 권력을 잡고 일종의 자기 세력을 확장하면서 그 옆에 자신의 이름을 붙인 광장을 만들었다. 이는 카이사르가 공화주의자들로부터 반감을 사게 된 이유 중 하나이기도 하다. 지금도 그곳에는 카이사르의 동상이 세워져 있고 광장의 흔적이 여전히 남아 있다.

왕족의 후손,
다시 부활하다

로마를 세운 로열패밀리

카이사르의 풀네임은 '가이우스 율리우스 카이사르Gaius Julius Caesar'다. 많은 사람들이 알고 있는 '줄리어스 시저Julius Caesar'는 카이사르의 영어식 이름이다. 그의 이름을 풀어보면 가이우스는 이름이고, 율리우스는 성에 해당하는 씨족명이며, 카이사르는 가문명이다. 다시 말해 '율리우스 씨족, 카이사르 가문의 가이우스'라고 풀이할 수 있다.

'가이우스'는 로마인들 사이에서 '마르쿠스'만큼이나 아주 흔한 이름이다. 그의 이름에서 중요한 부분은 '율리우스'와 '카이사르'다. 로마인들에게 카이사르를 알린 아주 중요한 근거가 되기 때문이다. '율리우스'는 우리식으로 말하자면 가령 '경주 김씨'인지 '광산 김씨'인지를 구분하는 씨족명이다. 카이사르는 자신이 율리우스 씨족 출신이라는 것을 매우 강조했다. 율리우스 씨족의 기원은 트로이아 전쟁의 영웅 아이네아스로 거슬러 올라간다. 다르다니아의 왕 안키세스는 미의 여신인 아프로디테(베누스)의 사랑을 받아 로마의 시조가 되는 아이네아스를 낳았다. 이 아이네아스의 아들이 아스카니우스(율루스)다.

아이네아스는 트로이아 왕 프리아모스의 사위였는데, 전쟁으로 트로이아가 패망하자 베누스의 도움으로 아이네아스와 율루스는 그곳을 탈출해 이탈리아 중부 라티움에 정착하게 된다. 그로부터 아이네아스의 16대손인 로물루스가 로마를 건국하면서 로마의 역사가 시작된다. 율루스는 아이네아스의 아들이고 율리우스는 율루스의 후손이다.

씨족을 정리해보면 트로이아 전쟁에서 살아남은 아이네아스의 아들 율루스의 후손이자 베누스의 후손이 바로 카이사르가 속한 율리우스 씨족이다. 카이사르가 로마 건국의 로열패밀리 계보를 가지고 있는 자기의 씨족에 대해 엄청난 자부심을 가지고 있던 것은 어쩌면 당연한 일이었을 것이다.

카이사르가 발행한 은화(기원전 48~47년경)

트로이아 전쟁은 로마 건국과 율리우스 씨족의 계보를 잇는 데에 있어서 매우 중요한 사건이다. 오늘날 터키의 북서쪽에 트로이아 전쟁의 흔적이 남아 있는데, 이는 트로이아 전쟁이 신화 속에서만이 아닌 역사적으로 현존했다는 것을 생생하게 보여주는 현장이다.

로마 시대 화폐 중 하나에는 트로이아 전쟁의 신화를 묘사하고 있는 것이 있다. 위의 사진처럼 한쪽에는 베누스 여신이, 그리고 다른 한쪽에는 아버지 안키세스를 왼쪽 어깨에 짊어지고 탈출하는 아이네아스가 주조되어 있다.

또한 페데리코 바로치Federico Barocci의 그림 〈트로이아를 탈출하는 아이네아스〉에도 아버지 안키세스를 둘러메고

페데리코 바로치의 〈트로이아를 탈출하는 아이네아스〉(1598)

트로이아를 탈출하는 아이네아스와 어린 율루스, 그리고 부인의 모습이 담겨 있다.

다음은 베르길리우스Publius Vergilius Maro의 장편 서사시 『아이네이스』에 기술되어 있는 대목의 일부분이다. 탈출에 성공한 아이네아스는 멀고먼 길을 떠나와 이탈리아의 라티움에 정착하게 되는데, 이곳은 바로 로마가 건국되는 중요한 현장이다.

"이제 아버님! 그럼 제 어깨에 올라 앉으세요, 제가 직접 모실 것인즉 짐스럽다 하겠습니까? 무슨 일이 닥쳐오든 한 몸이 되어 죽어도 같이 죽고 살아도 같이 할 것입니다. 어린 율루스는 제 옆에 바짝 붙고 안사람은 뒤미처 오라 하겠습니다."[1]

'카이사르'는 앞에서도 잠시 언급했듯이 가문의 이름이다. 코끼리라는 뜻의 카르타고어 'caesai'에서 유래했다. 율리우스 씨족에 속한 가문의 선조가 카르타고와의 전투에서 코끼리를 죽이고 승리한 기념으로 '카이사르'라는 문장을 사용하기 시작했고, 그것이 곧 가문의 이름이 되었다. 이는 화폐에도 고스란히 드러나 있다. 카이사르가 발행한 은화

카이사르 가문이 발행한 은화 ⓒCNG

에는 코끼리(카이사르)가 정적(뱀)을 밟고 있는 모습을 새겨 넣음으로써 자신의 가문에 대한 자부심을 드러내는 한편, 이를 통한 선전으로 가문의 명예를 더욱 높이고자 했다.

카이사르의 부모, 그리고 여인들

카이사르는 아버지 가이우스 율리우스 카이사르Gaius Julius Caesar와 저명한 아우렐리우스 씨족 출신의 어머니 아우렐리아Aurelia 사이에서 기원전 100년경에 태어났다. 아버지는 프라이토르를 역임했는데, 이는 콘술(consul, 로마 공화정 때 행정과 군사를 맡아보던 2인의 최고 통치자로 임기는 1년이다) 바로 아래 직급이다. 대개 콘술을 지내야만 로마 가문으로서의 힘이 인정되던 것에 비하면 카이사르가 태어날 당시의 가문은 크게 명성을 얻지 못하고 있었다.

카이사르는 세 번 결혼했다. 첫 번째 아내는 민중파 지도자 코르넬리우스 킨나Cornelius Cinna의 딸 코르넬리아Cornelia다. 카이사르는 코르넬리아와 결혼해 딸 율리아Julia를 얻는다. 로마인들은 여성들의 이름을 새로 짓거나 하지 않고 씨족 이름에 '-아'라는 접미사를 붙여 표현했다. 율리우스 씨족의 여성들은 모두 '율리아'로 통칭했다. 그래서 딸도 율리아, 고모도 율리아, 손녀도 율리아… 모두 율리아로 불리기 때문에 구분이 필요할 때는 수식어를 붙여야 한다. 첫 번째 결혼에서 얻은 딸 율리아는 후에 삼두정치를 결성할 때 폼페이우스와 정략결혼을 함으로써 정치적으로 아주 중요한 역할을 하게 된다.

코르넬리아가 일찍 세상을 떠난 뒤 카이사르는 술라의 손녀 폼페이아Pompeia와 두 번째 결혼을 한다. 하지만 아내 폼페이아가 클로디우스와의 추문에 휩싸이자 카이사르는 "사실 여부를 떠나 내 아내가 이 같은 부도덕한 사건에 휩싸이는 것은 바람직하지 않다. 그래서 나는 폼페이아를 아내로 여기지 않는다"라며 이혼하게 된다.

카이사르는 원로원의 불안을 해소하기 위해 41세의 나이에 25세나 어린 루키우스 피소의 딸 칼푸르니아Calpurnia와 세 번째 결혼을 한다. 이 또한 일종의 정략결혼이었다. 카이사르는 모살될 때까지 그녀와 함께 살았다.

정식으로 결혼한 이 세 명의 여성 말고도 카이사르에게는 여러 명의 '애인'들이 있었다. 그 유명한 클레오파트라 여왕과는 카이사리온Caesarion이라는 아들까지 낳았다. 클레오파트라가 로마 시민이 아닌 이집트의 여왕이다 보니 카이사리온은 아들로 인정받지 못했다. 하지만 클레오파트라는 카이사리온이 언젠가는 카이사르의 후계자가 될 것이라고 굳게 믿었다. 그러나 유언장에서 카이사르는 카이사리온에 대해서 한마디도 언급하지 않아서 클레오파트라는 큰 실망과 충격을 받았다. 게다가 안토니우스와 손잡은 옥타비아누스와의 전쟁에서 패하자 클레오파트라는 자살했고, 카이사리온은 옥타비아누스(아우구스투스)의 지시로 살해되는 비극적인 운명을 맞이한다.

앞서 언급했던 브루투스는 카이사르와 연인 사이였던 세르빌리아의 아들이다. 카이사르는 자신의 친자식은 아니지만 사랑하는 여인의 아들인 브루투스를 끝까지 보호했다. 하지만 정치적 이념이 달랐던 브루투스의 손에 의해 결국 생을 마감한다.

율리우스 후손의 부활

카이사르의 생애를 알려주는 작품으로는 서기 1세기 후반부터 2세기 전반을 살았던 플루타르코스나 수에토니우스의 전기가 있다. 그러나 두 작품은 아쉽게도 카이사르의 어린 시절에 대해서는 자세히 전하지 않고 있다. 다만 그가

16세쯤 되었을 때 아버지가 갑자기 죽는 바람에 그는 사실상 '소년 가장'이 되었고, 당시 술라파가 로마를 장악함으로써 카이사르가 고난을 겪는 이야기로 시작한다.

민중파 지도자 마리우스가 귀족파 술라에 의해 밀려나고 있었는데, 마리우스는 고모 율리아의 남편, 즉 카이사르의 고모부였기 때문이다. 마리우스는 전성기에는 북아프리카나 알프스 너머 갈리아에서 큰 전공을 세워 여섯 번이나 콘술을 역임했고, 기원전 86년에는 14년의 권력 암투 끝에 73세의 나이로 7선 콘술직에 오르는 노익장을 과시했다. 그러나 마리우스는 임기가 시작된 지 겨우 15일 만에 병으로 앓다가 죽었고, 민중파의 지도권은 코르넬리우스 킨나에게 넘어갔다. 카이사르는 킨나의 딸 코르넬리아와 결혼함으로써 자신의 정체성을 분명히 했다. 마리우스의 처조카이며 민중파 지도자 킨나의 사위였던 카이사르는 자연스럽게 민중파의 일원으로 분류될 수밖에 없었다.

문제는 기원전 84년에 카이사르의 장인 킨나마저 갑자기 죽고, 동방에서 미트리다테스를 제압하고 로마로 돌아온 술라가 권력을 장악했다는 것이다. 기원전 82년에 종신 독재관이 된 술라는 마리우스의 민중파를 대대적으로 탄압하는 공포 정치를 실시하고 개혁 입법들을 통해 원로원 중심의 국제 개혁을 단행하기 시작했다. 민중파 계열의 카이사르는 이처럼 불리한 시대 상황 속에서 청년기를 보내야 했다.

술라는 청년 카이사르가 민중파를 이끌어갈 차기 리더가 될 만한 인재라는 것을 간파해 처음에는 그를 아예 제거하려 했다. 다행히 술라의 측근 가운데 한 명이었던 카이사르 어머니의 사촌 아우렐리우스 코타 등이 카이사르가 아직 어리다는 이유로 술라를 만류하는 바람에 위기를 넘겼다. 그러자 술라는 전략을 수정해 코르넬리아와 이혼해 민중파와의 인연을 끊고 자기 밑으로 들어오면 살려주겠다고 회유하기 시작했다. 그러나 카이사르는 술라의 명령을 거부하며 동방으로 몸을 피했다.

수에토니우스의 『카이사르의 생애』(한국어 번역본 제목은 『열두 명의 카이사르』)에는 카이사르를 감싸는 측근들에 대한 술라의 경고성 예언이 다음과 같이 기록되어 있다.

> 좋다 너희들이 이겼다! 그는 너희 것이다! 하지만 너희가 내 손아귀에서 구해준 그 녀석이 언젠가는 우리가 오랫동안 지

켜온 원로원파를 파멸시키리라는 것을 절대 잊지 말아라. 이 카이사르라는 녀석에게는 여럿의 마리우스가 자라고 있다.[2]

그러나 술라의 독재 정치는 오래가지 않았다. 기원전 80년에 술라 자신이 스스로 독재관직을 사임했고, 2년 뒤에 죽었기 때문이다. 하지만 귀족파의 지도권은 폼페이우스에게 이어졌다. 동방에 나가 있던 카이사르도 로마로 돌아왔지만 여전히 로마의 정치는 폼페이우스가 이끄는 귀족파의 수중에 있었다.

그럼에도 로마에 머무르는 동안 카이사르는 자신의 명성을 알릴 기회를 만들었다. 기원전 77년에 카이사르가 콘술직을 마치고 마케도니아 총독으로 나가 있던 그나이우스 코르넬리우스 돌라벨라를 속주에서의 부당축재 혐의로 고발한 것이다. 이 사건은 당시 이목을 집중시킨 정치적 사건이었다. 고발자는 23세 무명의 청년 카이사르였던 반면, 피고인을 변호한 사람들은 퀸투스 호르텐시우스와 저명한 가이우스 아우렐리우스 코타(전에 술라에게 카이사르의 사면을 요청했던)로 당대 최고의 명성을 가진 연설가들이었기 때문이다. 카이사르가 감동적인 고발 연설로 인기를 누렸지만 피고인측 변호인들의 명성이 우세해 돌라벨라는 무죄로 방면되었다. 그러나 당대의 큰 정치적 사건에 자신의 이름을 알렸다는 점에서 카이사르에게도 나쁘지 않은 경험이었다.

이때부터 카이사르는 본격적으로 민중파 지도자로서의 역량을 키워가기 시작한다. 로마에서 새로운 정세를 확인한 그는 귀족파가 득세하는 로마를 잠시 떠나기로 하고 기원전 76년에 로도스 섬으로 유학을 떠난다. 당시 학문의 중심지인 로도스에는 당대 최고의 수사학자인 아폴로니우스 몰로가 있었기 때문이다.

카이사르가 일행과 함께 로도스로 이동하던 중 예기치 않은 사건이 발생했다. 파르마쿠사 섬 근처에서 악명 높은 킬리키아 해적에게 잡힌 것이다. 그들은 20달란트(1달란트는 6000데나리온이며, 1데나리온은 노동자 하루 평균 일당이다. 현재 일당을 약 10만 원으로 계산하면 20달란트는 12만 데나리온, 약 120억 원 정도의 금액이다)를 가져오면 풀어주겠다고 으름장을 놓았다. 그러자 카이사르는 오히려 자기 몸값이 너무 적다며 비웃었고, 의사 하나와 노예 두 명을 제외한 모든 부하들을 보내어 50달란트(현재 돈으로 환산하면 약 300억 원 정도에 해당하는 거금)를 구해오라고 명령했다. 인질로 잡혀 있는 동안에도 카이사르는 왕처럼 군림하며 나중에 해적들을 십자가형에 처하겠다고 호기를 부렸다.

마침내 밀레토스에서 몸값을 구해오자 카이사르는 풀려났다. 그는 밀레토스로 가 군사를 모아 해적들을 소탕한 뒤 자신이 말한 대로 그들을 처형해버렸다. 연설에 천부적인 소질이 있던 카이사르는 로도스에서 아폴로니우스의 가르침을 열성적으로 공부해 키케로 다음가는 연설의 대가가 되었고, 기원전 74년에 다시 로마로 돌아왔다.

카이사르보다 여섯 살 위인 폼페이우스는 군사적으로나 정치적으로 이미 여러 가지 업적을 가지고 있었다. 기원전 71년 폼페이우스는 크라수스Marcus Licinius Crassus와 함께 그 유명한 스파르타쿠스 반란을 진압했으며, 그 공로로 기원전 70년에는 크라수스와 콘술이 되었다. 귀족파의 리더가 된 폼페이우스는 기원전 67년에는 가비니우스 법에 의해 지중해 해적 소탕을 위한 전권을 부여받았고, 기원전 66년에는 폰토스 왕국의 미트리다테스 왕과의 전투에서 승리를 거두었으며, 기원전 64년에는 시리아 셀레우코스 왕조를 정복했다. 이처럼 폼페이우스는 카이사르에 앞서 로마의 장군으로서의 탁월한 명성을 쌓아가고 있었다.

한편 카이사르는 기원전 71년에는 천부장Tribunus militum에 기원전 70년에는 재무관Quaestor에 당선되면서 정치 경력을 쌓아갔다. 카이사르의 재무관 임기 중 고모 율리아(마리우스의 아내)가 세상을 떠났고, 같은 해에 아내 코르넬리아도 세상을 떠났다. 카이사르는 고모와 아내의 장례 추모 연설을 정치적으로 크게 활용했다. 고모 율리아가 베누스 여신을 기원으로 하는 율리우스 씨족의 후손임을 강조하며, 율리우스 씨족의 후손인 자신이 앞으로 로마를 위해 큰일을 해야 한다고 주장했다. 카이사르는 이 추모 연설을 통해 율리우스 씨족의 일원으로서 자신이 가야 할 길을 제시함으로써 민중파 마리우스를 계승하는 민중파의 재건을 선언한 것이다.

카이사르는 기원전 63년에 대신관Pontifex Maximus이 되었고, 기원전 62년에는 법무관Praetor의 자리에 올랐다. 기원전 61년에 히스파니아(이베리아 반도) 총독으로 나가 있다가 기원전 60년에 귀국했으며, 기원전 59년에 콘술 선거에 출마했다.

당시 로마는 새로운 정치 환경이 형성되어 있었다. 원래 원로원파였던 폼페이우스와 크라수스는 그들과 틀어진 상태였다. 폼페이우스와 크라수스가 군사적 명예로 나라를 쥐고 흔드는 것에 대해 원로원에서 거부감을 가졌던 것이다. 히스파니아에서 돌아온 카이사르는 이 틈을 타 자신이 중개자로서 폼페이우스와 크라수스를 화해시키고 이른바 '제1차 삼두정치'를 결성했다. 원로원의 눈치를 보지 말고 세 사람이 힘을 모아 로마를 분할 통치하자는 것이었다. 제1차 삼두정치를 통해 로마는 당분간 혼란과 무질서를 수습할 수 있었지만 그것은 잠시 동안뿐이었다.

카이사르가 만든 게임의 법칙

삼두정치, 이길 수 없다면 동맹하라

제1차 삼두정치는 로마 공화정 역사에서 또 다른 격동의 시대를 여는 출발점이 된다. 정치가로서의 카이사르의 리더십이 본격적으로 발휘되는 시기이기도 하다. '삼두정치'라고 하면 얼핏 멋있는 말 같지만 엄밀히 말하면 '패권을 다투는 세 사람이 필요에 의해 맺은 사적인 담합'이라고 할 수 있다. 원로원을 공동의 적으로 삼아 세 명의 일인자들이 함께 손잡고 로마를 분할 통치하고자 동맹한 것이다. 그런 점에서 제1차 삼두정치는 기원전 43년 말에 티티우스 법에 의해 공식화된 제2차 삼두정치와 실상은 비슷하지만, 법적 지위와 형식은 많이 달랐다. 카이사르의 주선으로 등장한 세 우두머리의 개인적 담합의 산물이기 때문이다.

당시 그들의 나이는 카이사르 40세, 폼페이우스 46세, 크라수스가 55세였다. 카이사르에게 폼페이우스와 크라수스 두 사람은 경륜을 중시하는 로마 전통에서는 불리한 경쟁자들이었다. 두 사람은 한때나마 귀족파의 일원이었던 반면, 카이사르 자신은 전통적인 귀족 가문 출신이었지만 당시의 로마 정치 현실에서는 민중파의 일원이었다. 이들 3인은 다양한 정치 경력과 영향력을 가지고 있었는데, 폼페이우스는 동방에서의 전공으로, 크라수스는 재력 면에서 상당한 영향력을 가지고 있었다. 이 삼자 구도 아래에서 제1차 삼두정치가 등장할 때만 해도 카이사르가 승리할 확률은 높지 않았다.

여러 면에서 자신이 불리하다는 것을 모르지 않았던 카이사르가 이들에게 동맹을 제안한 것은 삼두정치 출범 당시 카이사르가 제일 불리한 위치에 있었음을 반증한다. 물론 나머지 두 사람도 이 동맹을 마다할 이유가 없었다. 폼페이우스는 동방에서 큰 전공을 세웠지만 그곳에서 취한 조치들과 자신의 전역병들에게 나누어줄 토지를 재가하지 않는 원로원에 대한 불만이 있었고, 폼페이우스의 군사적

공적과 정치적 인기를 시기하던 크라수스는 사적 관계인 기사 신분 친구들의 경제적 이해를 대변하느라 다수 원로원 의원들의 반발을 샀다. 바로 이러한 시대 분위기에서 카이사르가 이 두 사람을 중재하면서 제1차 삼두정치의 서막이 올랐다.

삼두정치 결성의 1차적 효과는 기원전 59년 콘술 선거에서 나타났다. 카이사르가 폼페이우스파와 크라수스파의 지지로 기원전 59년에 콘술에 당선되었기 때문이다. 기원전 59년 초 공식적으로 카이사르의 콘술 임기가 시작되면서 원로원은 삼두정치의 실체를 인식하기 시작했다. 물론 처음에 임기를 시작한 카이사르는 가급적 원로원의 귀족파를 자극하지 않으려 애를 썼다.

그러나 시간이 흐르면서 그동안 원로원에서 쟁점이 되었던 폼페이우스와 크라수스의 사안들이 원로원 회의에 상정되었고, 카토 등 반대파의 의견을 묵살하면서 삼두들에게 유리한 여러 입법들이 민회에서 처리되었다. 결국 콘술 카이사르의 공식적 행보를 수상하게 여긴 원로원은 긴장할 수밖에 없었고, 이로써 삼두와 원로원 사이의 갈등은 더 커질 수밖에 없었다.

카이사르는 귀족파의 우두머리격인 폼페이우스와의 동맹을 견고히 하기 위해 열여섯 살밖에 되지 않는 자신의 외동딸 율리아를 서른 살이나 나이가 많고, 자신보다도 여섯 살이나 위인 폼페이우스와 결혼시켰다. 사실 로마사에서 이 같은 정략결혼은 아주 흔한 일이었고, 이러한 결혼은 이 일의 전후에도 자주 발생했다.

기원전 62년 말, 클로디우스와의 추문에 휩싸였던 폼페이아와 이혼한 카이사르는 기원전 59년 봄에 칼푸르니우스의 딸로서 자신보다 스물다섯 살이나 어린 칼푸르니아와 세 번째 결혼을 하게 된다. 이러한 연합 덕분에 칼푸르니우스는 기원전 58년 콘술로 선출되었고, 삼두들의 정치적 이해를 관철시키는 데에 일조했다. 이처럼 카이사르는 결혼이라는 사적 유대를 통해 삼두정치를 좀 더 공고히 하고자 했다.

갈리아 전쟁, 역사에 길이 남을 업적을 세워라

기원전 59년, 카이사르의 동료 콘술은 비불루스Marcus Calpurnius Bibulus였다. 그런데 당시 삼두의 일원이기도 했던 콘술 카이사르의 영향력이 얼마나 거대했던지 기원전 59년에는 "카이사르와 비불루스가 콘술이던 해에"가 아니라 "율리우스와 카이사르가 콘술이던 해"라고 표기된 가짜 공문서가 나돌 정도였다.[3] 카이사르가 사실상 단독 콘술처럼 군림한 것을 풍자한 것이다.

1년간의 임기를 마친 콘술은 곧장 총독으로 파견된다. 어느 지역의 총독으로 파견되어야 자신의 정치 활동에 유리할지 고심하던 카이사르가 마침내 선택한 곳은 갈리아 지역이었다.

폼페이우스나 크라수스는 동방에서 정치·군사적 업적과 함께 지지 세력을 가지고 있었다. 반면에 갈리아 지역, 특히 알프스 이북의 갈리아는 마실리아 인근의 프로방스 지역을 제외하면 로마인에게는 미개척지였다. 카이사르는 바로 그곳에서 미래 로마의 팽창 가능성을 보았다. 갈리아는 또한 카이사르 개인에게도 중요한 정치적 자원이 될 곳이었다.

당시 갈리아는 부족들이 서로 분열되어 있었다. 이곳을 로마의 영토로 장악하게 된다면 그야말로 로마사에 길이 남을 업적이 될 터였다. 카이사르는 결국 갈리아 총독으로 파견을 나갔고, 기원전 58년부터 기원전 50년까지 9년 동안 그곳에서 전쟁을 하며 갈리아 지역과 갈리아인들을 로마의 문명권에 편입시켰다. 이것이 우리가 알고 있는 바로 그 갈리아 전쟁이다. 카이사르의 예상대로 갈리아 전쟁의 승리는 로마의 영역을 유럽 중앙까지 끌어올린 아주 중요한 결과를 낳았다.

카이사르는 갈리아 지역뿐만 아니라 라인 강 건너 게르마니아 지역도 공격해보았으나 게르만족은 쉽게 정복을 꿈꿀 수 없는 어려운 상대였다. 그러자 카이사르는 공격 대상을 지리적으로 조금 더 유리한 켈트족으로 변경해 공격을 시도했다. 그러나 이들 또한 만만치 않은 상대이기는 매한가지였다. 결국 카이사르는 갈리아 정복에 전념했다.

카이사르는 갈리아 전쟁의 승리를 기념하는 은화도 발행했다. 은화의 한쪽 면에는 왕관을 쓴 베누스 여신을 새겨 넣었고, 다른 쪽 면에는 트로피 아래에서 탄식하는 갈리아 여신과 갈리아족 포로를 새겨 넣었으며, 그 아래에는 어김없이 'CAESAR'라는 자신의 이름을 새겨 넣었다. 그럼으로써 자신이 베누스 여신의 후예임을 자부하며, 그 후예답게 자신이 얼마나 훌륭하고 위대한 업적을 세웠는지를 여지없이 드러냈다.

카이사르가 갈리아 전쟁의 승리를 기념해 발행한 데나리우스 은화 ⓒPAS

당시 이와 같은 주화들은 은과 금의 가치뿐만 아니라 화폐로서의 가치를 가지고 있었다. 병사들에게 급료를 지급할 때도 주화를 사용했는데, 이 주화를 보거나 사용하는 병사들에게 베누스 여신의 후예이자 갈리아를 정복한 카이사르 장군의 위대함이 얼마나 대단한지를 각인시키는 역할을 했다.

그러면서 일종의 신화가 만들어졌는데, 실제로 카이사르는 전쟁에서 패한 적이 거의 없다. 카이사르는 점차 신뢰와 명성을 구축해나갔다.

로마 장악의 서막, 최선의 방어는 공격

삼두정치는 말 그대로 어떤 목적에 의해 권력을 나누는 일종의 기획 전략이다. 그렇다 보니 그 기간이 일시적일 뿐 오랫동안 유지될 수 없다는 것은 모두가 잘 알고 있었을 것이다. 그런데 그 위기가 생각보다 너무 빨리 찾아왔다.

기원전 54년, 폼페이우스의 아내이자 카이사르의 딸 율리아가 출산 중에 사망하는 일이 벌어지고 말았다. 그렇지 않아도 서로 대립할 일이 많았던 카이사르와 폼페이우스의 관계는 이 두 사람 사이에 매개체 역할을 하던 율리아의 사망으로 급속히 냉전 모드로 바뀌었다. 게다가 1년 후인 기원전 53년에 크라수스마저 세상을 떠난 상태였다.

동방에서 많은 승리를 거둔 폼페이우스와, 떠오르는 태양이나 다름없으며 자신보다 한참이나 어린 카이사르와 비교했을 때 뛰어난 업적이 없다고 생각한 크라수스는 기원전 53년에 약 4만 명의 군사를 이끌고 로마의 동쪽 국경을 맞대고 있는 파르티아 원정에 나섰다. 하지만 이 전쟁은 승리는커녕 4만 명의 군사 중 1만 명만 살아 돌아오는 참담한 패배를 맞이했다. 크라수스 또한 죽음을 피하지 못했다.

폼페이우스와 카이사르, 이렇게 둘만 남은 상태에서 더

이상 삼두정치가 유지되기는 어려워 보였다. 이제 남은 카드는 누가 더 쓰임 있는 인물로 평가되는가 하는 것이었다. 원로원 입장에서 카이사르는 폼페이우스보다 훨씬 더 눈엣가시로 여겨졌다. 갈리아 군단의 충성심을 바탕으로 카이사르의 세력은 더욱 강화되었고, 로마 귀족들의 두려움은 날로 증폭되었다. 원로원은 논의 끝에 카이사르와 폼페이우스, 이 둘 사이에 싸움을 붙인 뒤 폼페이우스 쪽에 힘을 실어주자는 계획을 세웠다. 폼페이우스에게 모든 권한을 부여해 그를 앞세우겠다는 속셈이었다.

기원전 49년 초, 원로원은 '비상 의결'을 발동해 폼페이우스에게 무제한의 권한을 부여하는 법안에 가결했다. 그런 뒤 갈리아 총독으로 파견되어 있던 카이사르에게 소환 명령을 내렸다.

소환령에 따라 로마로 향하던 카이사르는 갈리아와 로마 본국의 경계에 있는 루비콘 강에 다다랐다. 강을 앞에 두고 카이사르는 문득 군대를 두고 혼자 로마로 돌아간다는 것은 죽음을 자초하는 일이라는 생각이 들었다. 그는 자신을 두려워하던 원로원의 많은 사람들이 자신을 그냥 놓아둘 리 없으리라는 것을 잘 알고 있었다. 결국 카이사르는 군대를 이끌고 로마로 돌아가기로 결정한다. 병사들을 대동하고 강을 건너며 그는 이렇게 말한다. "주사위는 던져졌다!" 이 유명한 말이 바로 이때 탄생했다.

군사적 업적이 많았음에도 정작 거기에서 다져진 어떤 힘을 가지고 있지 못했던 폼페이우스와 달리 카이사르는 아주 막강한 군사력을 가지고 있었다. 원로원의 예상은 완전히 빗나갔다. 카이사르는 아무런 저항도 받지 않고 로마에 입성했다. 궁지에 몰린 폼페이우스와 원로원 보수파들은 그리스로의 망명을 선택했다. 동쪽 지역에 자신들을 지원하는 세력이 많다고 판단했기 때문이다.

하지만 로마에서 쫓겨난 폼페이우스는 밀리고 밀려 끝내 몰락의 길을 걷게 된다. 기원전 48년 여름, 폼페이우스는 그리스의 파르살로스 전투에서 패하고 이집트로 망명했다가 허망하게 그곳에서 살해당한다.

기원전 48년 10월, 폼페이우스를 쫓아 알렉산드리아에 도착한 카이사르에게는 예상하지 못한 두 가지 사건이 기다리고 있었다. 하나는 폼페이우스의 죽음이었고, 또 하나는 클레오파트라와의 운명적 만남이었다. 폼페이우스가 이집트인들에게 기만당해 죽임을 당하고, 시신의 머리가 그에게 바쳐졌을 때 카이사르는 기쁨보다는 큰 분노를 표출하며 그를 죽인 자를 처단하라고 지시했다. 비록 정적이었지만 그는 한때 로마의 위대한 장군이자 동료였으며, 사적으로는 사위였기에 영웅답지 않은 그의 죽음은 충격 그 자체였다.

클레오파트라와의 만남은 그의 남은 인생에 또 하나의 변수가 되었다. 카이사르는 여자를 좋아해 로마의 여러 귀족 부인들, 속주의 여성들, 그리고 심지어 이민족의 여왕이나 왕비들과도 많은 스캔들을 일으켰다고 수에토니우스는 기록하고 있다. 그의 애인 중 세르빌리아는 나중에 카이사르를 모살한 무리들 중 한 명인 브루투스의 어머니다. 그러나 사적으로나 공적으로 카이사르에게 지대한 영향을 끼친 것은 이집트의 여왕 클레오파트라였다.

두 사람의 운명적인 만남은 기원전 48년, 카이사르가 폼페이우스를 추적해 이집트에 갔을 때부터 시작되었다. 당시 클레오파트라는 자신의 남동생 프톨레마이오스 13세와의 권력 투쟁에 패해 밀려나 있었다. 클레오파트라를 축출하는 데에 앞장섰고, 폼페이우스를 죽여 그의 머리를 카이사르에게 '선사'했다가 오히려 카이사르의 분노를 산 프톨레마이오스 13세의 측근 내시 포시노스는 카이사르를 모욕하고 그마저 제거하려는 음모를 꾸민 것으로 알려져 있다.

바로 이즈음, 즉 기원전 48년 10월에 권력에서 밀려났던 클레오파트라가 양탄자에 둘둘 말린 채 카이사르 앞에 나타났다. 당시 클레오파트라의 나이 21세였고, 카이사르는 52세였다.

카이사르가 이끄는 로마군과 프톨레마이오스 13세를 지지하며 클레오파트라의 복귀를 반대하는 이집트 군대 사이에 그 유명한 알렉산드리아 전투가 발발했고, 대화재가 발생해 알렉산드리아 도서관의 많은 장서가 불타기도 했다. 왕궁에서 고립된 카이사르를 구해준 것은 3000여 명을 이끌고 나타난 유대인 지원병이었다.

결국 카이사르는 기원전 47년 3월 말에 알렉산드리아 전쟁에서 승리했고, 클레오파트라의 정적들을 제거하고 그녀를 다시 권좌에 앉혔다. 그리고 3개월 더 그녀와 머무르다가 6월 10일경 이집트를 떠나 동방으로 향했다. 처리해야 할 일이 있었기 때문이다. 카이사르가 떠난 지 2주도 안 되어 클레오파트라는 카이사르의 아들을 낳았는데, 클레오파트라는 그의 이름을 '작은 카이사르'라는 뜻의 '카이사리온'이라고 지었다.

이렇듯 로마와 이집트의 내전이 맞물리면서 카이사르와 클레오파트라의 운명적 만남이 이루어졌다. 카이사르와 클레오파트라는 개인적으로도 정치적으로도 제휴할 필요가 있었다. 카이사르에게 헬레니즘 세계의 마지막 강국 이집트는 동방의 중요한 버팀목이었다. 한편 권력에서 축출되었던 클레오파트라에게 카이사르와 로마는 든든한 방어막이었다.

전쟁터에서 젊은 시절을 보낸 중년의 장군과 20대의 클레오파트라와의 만남은 어쩌면 운명적이며 필연적인 사건이었다. 두 사람의 결합은 당장은 남는 장사처럼 보였다. 그러나 그 만남은 어쩌면 카이사르의 몰락의 한 요인이 되었는지도 모른다.

어쨌든 원로원의 지지를 받던 폼페이우스의 시대가 끝나고 로마는 결국 카이사르 손에 들어왔다. 카이사르는 폼페이우스와 원로원을 지지했던 사람들을 각개격파하기에 이른다. 말 그대로 카이사르의 시대가 시작된 것이다.

관용과 개혁 그리고 권력과 명예의 끝판왕

카이사르의 시대가 본격적으로 열리면서 그가 가장 먼저 내건 구호는 '클레멘티아Clementia'다. 클레멘티아는 '관용'이라는 뜻의 라틴어다. "폼페이우스는 공화정을 위해 카이사르를 상대로 싸우지 않은 사람을 적으로 간주한다고 선언했지만, 카이사르는 자기에게 적극적으로 대항하지 않은 사람을 자기편으로 간주한다고 선언했다."[4] 뿐만 아니라 그는 내전 중에 자신을 적으로 삼았던 사람들도 지속적으로 적대 행위를 하지 않으면 너그러이 포용했고, 그중 나중에 카이사르 모살의 주모자급이 된 브루투스와 카시우스 롱기누스에게는 법무관의 자리까지 부여했다.

카이사르는 또한 개혁을 통해 로마의 재건을 약속했으며 실제로 많은 것들을 개혁했다. 그중 오늘날 우리에게까지 영향을 주는 것이 달력의 개정이다.[5] 기원전 46년, 카이사르는 태양력을 도입했는데, 이전까지 로마인들은 태음력을 사용했었다.

태음력은 달이 지구를 한 바퀴 도는 기간을 기준으로 만든 것으로 1년이 354일로 되어 있었다. 반면 태양력은 지구가 태양을 한 바퀴 도는 기간(365.25일)을 기준으로 1년을 365일로 정했고, 4년마다 하루의 윤일을 삽입해 1년을 366일로 정했다. 음력과 양력이 열흘 정도 차이 나는데, 태양력이 사계절의 변화를 잘 반영하다 보니 농경생활이나 일상생활에 더 편리했다. 따라서 태음력을 사용하는 지역에서는 계절과 달력을 맞추기 위해서는 3년마다 한 달씩 윤달을 만들어 넣어야만 했다. 로마에서도 윤달을 넣는 것이 중요했는데, 특히 신관들이 정치·종교적 의도로 윤달을 끼워 넣는 경우가 많아 문제가 되었다. 카이사르는 이집트를 방문하고 이집트인들이 태양력을 통해 사계절과 달력을 연계시켜 생활하는 것을 보고 1년을 365일로 정한 이 태양력을 로마에도 도입하기로 한 것이다.

이 새로운 태양력은 기원전 45년 1월 1일에 처음 시행되었다. 그러나 당시 계절과 달력의 오차가 67일이나 되었다. 따라서 기원전 46년 11월 마지막 날 다음에 두 번의 윤달(즉 1윤달 10월, 2윤달 10월)을 추가한 후 12월로 넘어가게 했기 때문에 기원전 46년은 445일이나 되는 긴 한해가 되었다. 그리고 이후부터는 세 번째 해까지 365일을 1년으로 하고, 네 번째 해에는 하루를 추가해 366일을 만들었다. 이 로마 달력은 카이사르의 씨족 이름을 근거로 율리우스력이라 불린다.

그런데 16세기에 들어 천문학이 발전하면서 교황 그레고리우스 13세가 이 율리우스력이 1년마다 11분 14초가 생겨 당대에 10일의 오차가 있다는 것을 발견하고는 1582년 10월 4일 다음에 10일을 삭제하고 10월 15일로 수정했다. 그리고 4년마다 하루의 윤일을 삽입하되 100년째 되는 해는 윤일을 반영하지 않고, 다만 400년째 되는 해는 다시 하루의 윤일을 삽입하는 것으로 원칙을 세웠다. 오늘날 우리가 일반적으로 사용하는 달력이 이 교황의 이름을 붙인 그레고리우스력이다.

우리나라의 경우 1895년 음력 9월 9일, 김홍집 내각이 대대적으로 을미개혁을 단행하게 되는데, 이때 음력 11월 17일을 1896년 1월 1일로 하는 태양력을 채택하고, 이를 기념해 '건양建陽'이라는 독자적인 연호를 사용했다. 지금은 대부분 양력을 사용하지만 우리나라도 명절이나 제삿날, 어르신의 생일 등은 여전히 음력을 사용하는 경우가 많다.

카이사르가 남긴 여러 업적 가운데 태양력의 도입은 역사적으로도 매우 중요한 부분이다. 카이사르가 태양력을 도입할 수 있었던 것은 그가 이집트에 체류하면서 얻은 성과중의 하나였을 것이다. 플리니우스Gaius Plinius Secundus는 『자연사』(18권, 210~212장)에서 알렉산드리아의 천문학자 소시게네스Sosigenes가 이 일에 도움을 주었다고 말한다. 소시게네스에 대해서는 알려진 바가 거의 없지만 아마도 이집트의 여왕 클레오파트라의 학술 고문 중 한 명이었을 것으로 추정된다. 어쨌든 달력 개정을 통해 시간마저 합리적으로 통제하려 했던 카이사르의 노력이 우리에게 유익한 결과를 가져다준 셈이다.

로마의 일인자가 된 카이사르는 제도의 개혁뿐만 아니라 자신의 명성을 빛내기 위한 대대적인 공공건축 프로젝트를 추진했다. 사실 이는 폼페이우스가 먼저 사용한 전략이었다. 동방에서 큰 승리를 하고 돌아온 폼페이우스는 자신의 인기를 시샘한 보수적인 원로원 의원들이 개선식과 병사들에 대한 토지 수여 등 자신의 요구를 들어주지 않자 기원전 61년부터 인민 대중의 지지를 얻기 위해 공공건축 프로젝트를 시행했었다. 폼페이우스는 로마 광장 북쪽에 있는 캄푸스 마르티우스Campus Martius(마르스의 들판)에 로마 최초의 석조 극장을 시작으로 하여 신전, 원로원 회의장을 갖춘 복합 건축 단지를 조성했던 것이다.

기원전 55년 말, 폼페이우스와 크라수스가 두 번째 콘술직이 끝나갈 무렵 이 복합건물 단지가 완공되어 대대적이고 화려한 개막 행사가 열렸다. 마르스 들판 남쪽에 세워진 폼페이우스 극장 단지는 비좁은 로마 광장을 벗어나 새로운 시대를 여는 공간으로 발전하면서 폼페이우스의 인기와 위상을 강화하는 데에 일조했다. 이곳은 이후 카이사르가 폼페이우스를 상대로 내전에서 승리했지만 그 복합건물 내의 원로원 회의장에서 카이사르 자신이 죽임을 당하게 되는 비운의 장소이기도 하다.

당시 갈리아 전선에 나가 있던 카이사르는 막대한 전리품을 로마에 있는 동료들에게 보내 폼페이우스를 능가하는 공공건축 프로젝트를 시행하도록 했다. 카이사르 역시 마르스 들판에 자신의 이름을 각인시킬 건축을 모색했는데, 그것이 켄투리아 민회와 트리부스 민회의 투표장이었다. 양의 우리와 같다하여 '오빌레Ovile'로 불리던 그 투표소를 대대적으로 확장 증축해 1마일 정도의 포르티쿠스로 둘러싼 사입타 율리아Saepta Iulia(율리우스 투표장)를[6] 건축하게 했다.

더 중요한 장소는 공화정의 중심 로마 광장이었다. 로마

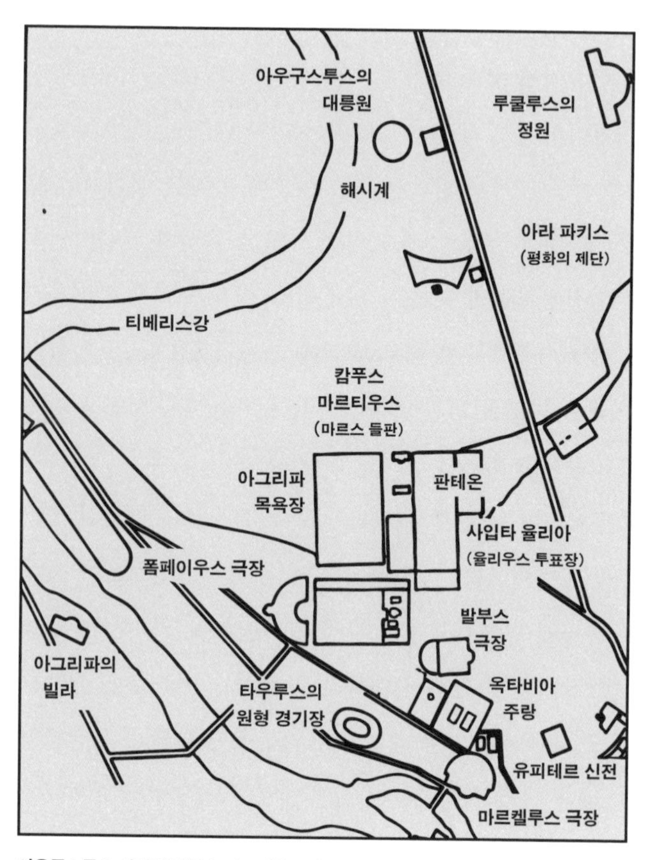

아우구스투스 시대의 캄푸스 마르티우스의 모습

광장에는 민회나 재판, 원로원 회의 등 공식적인 업무를 위한 건물이나 장소가 있었다. 카이사르는 기존의 바실리카를 증개축해 바실리카 율리아라는 공회당을 지었다. 그러나 이미 로마 광장은 로마가 지중해 제국의 중심 도시로 성장하면서 인구가 증가하고 많은 공공건물이나 신전들이 들어서는 바람에 비좁을 수밖에 없었다. 따라서 카이사르는 로마 광장 북동쪽으로 베누스 신전 등을 포함하는 새로운 광장을 만들었다. 이곳은 카이사르 생전에는 완공되지 못했고 그의 양자인 아우구스투스에 의해 완공되었다. 이 카이사르 광장을 효시로 이후 많은 황제들이 자신의 이름을 붙인 광장을 만들었다. 그래서 로마의 전통은 주로 로마 광장을 중심으로 이루어졌는데 거기에 카이사르 광장이 가세하면서 당대의 대단한 공공 건축물로 화려하게 장식되었다.

카이사르는 정치권력과 명예를 지나치게 추구한 나머지 기존에 없던 10년 임기의 독재관을 만들어 스스로 취임했다. 그리고 그로부터 3년 뒤인 기원전 44년에 이르러서는 평생을 임기로 하는 종신독재관이 되었다. 종신독재관은 '왕'의 또 다른 이름과 다름없었다. 원래 독재관은 전쟁이 빈번한 로마에서 비상시를 대비해 권력을 부여하는 제한된 임기의 직함이었다. 카이사르는 이처럼 관례와 제도를 파괴하면서까지 권력을 독차지하는 데에 전력을 다했다. 그는 개선장군에게만 일시적으로 부여되는 '임페라토르imperator'라는 칭호를 언제나 사용할 수 있는 권리를 가졌다.

카이사르는 암살당하기 직전, 파르티아 원정을 통해 동쪽에 로마의 국력을 다시 알리겠다는 계획을 발표했다. 로마 삼두 중 한 명이었던 크라수스가 파르티아 원정을 갔다가 로마의 군기를 모두 빼앗기고 전사한 것에 대한 복수와 불명예를 씻기 위해서였다.

원로원에서는 카이사르가 정말로 파르티아로 원정을 가면 큰 승리를 거두게 될 테고, 그러면 더 이상 카이사르가 왕이 되는 것을 막을 방법이 없다고 생각했다. 카이사르에 의해 공화정의 전통이 무너지고 다시 왕정으로 돌아가는 그와 같은 끔찍한 상황을 만들 수는 없었다. 그들로서는 어떻게든 카이사르의 파르티아 원정을 막아야만 했다. 사실 파르티아제국은 매우 광대해서 로마 입장에서는 아주 위험한 원정이었다. 하지만 사람들은 갈리아를 정복한 전력이 있는 카이사르라면 승산이 전혀 없는 것은 아니라고 생각했다. 그렇기에 카이사르 반대파들의 입장에서 이 계획은 더더욱 실행되어서는 안 될 일이었다.

그들은 카이사르가 수도를 알렉산드리아나 트로이아로 옮기고 로마는 친구들에게 맡길 것이라는 소문을 퍼뜨리기도 했다. 뿐만 아니라 왕만이 파르티아를 정복할 수 있다는 소문도 퍼뜨렸다. 카이사르가 파르티아를 정복해 로마의 대업을 이루기 위해서는 그에게 왕이란 칭호를 부여할 수밖에 없다는 식의 소문을 만들어 로마에 다시 왕을 세우는 상황이 초래될 수 있다는 분위기를 조성했다. 사람들은 로마가 다시 왕정으로 돌아가지 않을까 불안해했다. 눈치 빠른 카이사르가 이 계략을 알아채지 못할 리 없었다. 안토니우스가 왕관을 바치려 하자 카이사르는 손을 내저으며 "치워라! 나는 왕이 아니라 카이사르다"라고 말했다. 많은 로마 시민들이 자신을 왕으로 추대하는 것에 대해 매우 냉담한 반응을 보이고 있다는 것을 모르지 않았기 때문이다. 카이사르는 단호하게 왕관을 내침으로써 일단 위기를 넘기는 듯했다.

그러나 원로원과 민회는 카이사르를 종신독재관으로 추켜세웠다. 그리고 카이사르가 죽은 뒤 안토니우스의 제

안에 따라 카이사르가 태어난 달인 7월을 원래는 다섯 번째라는 뜻의 퀸틸리스Quintilis라고 했는데, 이를 '율리우스'로 개칭해 율리우스(카이사르)의 달로 지정했다. 여기서 오늘날 우리가 사용하는 영어 'July(7월)'가 유래했다.

카이사르는 자신의 존재를 새겨 넣은 주화를 여러 차례 만들었다. 마치 신이라도 된 듯 머리에 면류관을 쓴 자신의 얼굴을 은화마다 새겨 넣었다. 그리고 뒷면에는 베누스 여신을 새겨 넣어 자신과 베누스 여신과의 관계를 강조했다. 원로원 의원들 중 공화파들은 한 인간에게 이토록 과도한 권력과 명예가 집중되는 것을 감내할 수 없었다.

영웅의 몰락과 공화정의 최후

종신독재관의 최후

카이사르는 과연 로마 공화정파의 반감을 극복할 수 있었을까? 당연히 쉽지 않았다. 카이사르는 갈리아를 정복해 로마의 영토를 넓힌 엄청난 업적을 이루었지만 공화정의 전통을 파괴했다는 이유로 60여 명의 원로원 의원들, 특히 브루투스와 카시우스 롱기누스 등의 공화정파에 의해 기원전 44년 3월 15일, 폼페이우스 입상 앞에서 비참하게 살해당하고 만다.

수에토니우스가 쓴 『카이사르의 생애』에는 "그가 칼을 스물세 곳이나 맞았다"라고 기록되어 있을 정도로 카이사르는 비참한 최후를 맞이했다. 카이사르가 살해되는 이 순

마르쿠스 브루투스가 병사들에게 봉급을 주기 위해 주조한 은화
왼쪽에는 BRVT IMP L·PLAET·CEST 오른쪽에는 EID·MAR라고 쓰여 있다

간은 이후 빈첸초 카무치니 등 많은 화가들에 의해 그림으로 재현되었다.

기원전 43~42년 카이사르 암살의 핵심 인물인 브루투스는 자기가 "독재자를 타도했다"며 이를 기념하고 선전하는 은화를 만들었다. 은화의 앞면에는 자신의 얼굴과 이름 그리고 'IMP'를 새겨 넣었는데, IMP는 임페라토르의 약자로 큰 공을 세운 개선장군에게 붙이는 명예의 칭호다. 그리고 뒷면에는 칼과 투구형 모자를 새겨 넣었다. 칼은 독재자를 타도했다는 의미이고, 투구형 모자는 로마에서 노예가 해방되는 의식Manumissio에서 절차상 노예가 맨머리에 쓰는 것으로 '나는 이제 노예가 아니다'라는 것을 밝히는 일종의 상징이었다. 브루투스는 '나는 독재자의 수하에서 고생한 로마인을 해방시켰다'는 의미로 이 모자를 새겨 넣었다. 브루투스는 이 은화로 병사들에게 봉급을 지불했다.

카이사르 암살의 핵심 주모자 중 또 한 사람인 카시우스 롱기누스 역시 이를 기념하는 주화를 만들었는데, 그 또한 자신의 얼굴과 이름, 그리고 브루투스와 마찬가지로 IMP라는 칭호를 새겨 넣었다. 당시 장군들은 전쟁에서 승리하거나 군사적 업적을 세우면 이를 기념하기 위해 주화에 그 내용과 자신의 얼굴, 이름, 칭호 등을 새겨 넣었다. 그리고 이렇게 주조한 주화를 병사들에게 나누어주었는데, 이는 일종의 유행처럼 이루어졌다.

로마 도심에 있는 포로 로마노에는 카이사르를 화장했던 신전의 흔적이 여전히 남아 있다. 권력과 명예 그리고 로마사에 길이 남을 많은 업적을 남겼으나 한때의 영광이 무색하게 그의 존재는 이제 폐허처럼 초라한 흔적으로만 남아 있다. 하지만 고대 로마 최고의 영웅 카이사르의 화장터인 이곳은 세계 곳곳에서 모여든 많은 관광객들에게 아주 인기 많은 장소다. 사람들은 이곳을 둘러보며 사진도 찍고 더러 꽃을 놓아두기도 한다.

로마 광장 안에 있는 카이사르 제단

공개된 유언장의 반전

카이사르는 죽기 직전 자신의 부관이었던 레피두스와 마지막 식사를 했다. 레피두스와 식사를 하며 대화를 나누던 카이사르는 어떻게 죽는 것이 가장 좋은지에 대해 이야기했다. 그는 갑작스러운 죽음이 가장 좋다고 말했다. 마치 유언처럼 이 말은 현실이 되고 말았다. 파르티아 원정을 3일 앞두고 그는 암살당했다.

이후 카이사르의 사택에서 그의 유언장이 공개되었다. 유언장에는 카이사르의 둘째누나 율리아의 외손자인 옥타비아누스에게 재산의 4분의 3을, 그리고 그의 이종사촌들인 루키우스 피나리우스와 퀸투스 페디우스에게 나머지 4분의 1을 상속한다는 내용이었다. 옥타비아누스에게 4분의 3이나 되는 많은 재산을 상속한 이유는 그를 자신의 가문, 즉 자신의 양자로 입양시키기를 원했기 때문이다. 무명이었던 19세의 젊은이 옥타비아누스는 그렇게 카이사르의 후계자로 등극하게 된다. 훗날 그는 우리에게도 익숙한 이름인 '아우구스투스'라고 하는 제정 로마 시대를 여는 최초의 황제가 된다.

수에토니우스는 암살자들 가운데 카이사르보다 3년 넘게 살거나 자연사한 사람은 찾아보기 힘들다고 기록하고 있다. 모두가 각기 다른 방식으로 카이사르를 죽인 죗값을 치렀는데, 어떤 사람은 배가 난파되어 바다에 빠져 죽었고, 어떤 사람은 카이사르를 죽일 때 사용한 단검으로 자신의 목숨을 끊었다고 한다.

카이사르 암살의 핵심 인물이었던 브루투스와 카시우스 롱기누스는 어떻게 되었을까? 기원전 42년, 카시우스 롱기누스는 필리피 전투에서 안토니우스 군에 패배해 자살했고, 브루투스는 옥타비아누스 군을 상대로 승리했으나 역시 자살했다.

단테는 자신의 저서 『신곡』에서 지옥의 가장 아래층에서 사탄의 입으로 사용된 최악의 죄인, 즉 죄질이 가장 나쁜 극악무도한 3인방을 바로 브루투스와 카시우스 롱기누스 그리고 예수를 배반한 유다로 꼽았다. 이들은 영원한 형벌에서 벗어나지 못한다. 대문호인 단테가 자신의 글에서 이렇게 묘사할 만큼 카이사르의 암살자 브루투스와 카시우스 롱기누스는 후대에 그리스도교적으로도 매우 부정적인 평가를 받았다.

독재자인가 영웅인가, 역사의 두 얼굴

어떤 이들은 "폭군 카이사르를 타도했다"는 브루투스 자신의 표현처럼 그의 정신을 높이 평가하기도 한다.

영국의 식민지였던 미국은 동부의 13개 주가 모체가 되어 독립전쟁을 거쳐 새로운 국가, 미합중국United States of America으로 탄생했다. 이때 미합중국에 열 번째로 가입한 버지니아 주의 국기에는 쓰러져 있는 참주의 목을 밟고 서 있는 사람의 그림과 함께 '폭군들에게는 언제나 이렇게Sic semper tyrannis'라는 라틴어 문장이 쓰여 있다. 식민지를 억압했던 영국을 폭군으로 묘사한 것이다. 바로 '자유를 위해 독재관

버지니아 공화국의 국기

을 타도했다'는 브루투스의 슬로건을 차용한 것이다.

흥미롭게도 링컨을 암살한 존 윌크스 부스John Wilkes Booth도 '자유를 위해 독재자를 타도한다'는 브루투스의 이 슬로건을 사용했다. 그는 브루투스 찬미자였는데, 남북전쟁 이후 링컨의 정치적 반대 세력들은 그를 폭군으로 생각했던 것이다. 오늘날 브루투스에 대한 평가는 그렇게 부정적이지만은 않다. 자유를 위해 폭군, 참주 또는 독재자 타도라는 주장은 어쩌면 현대적인 관점에서 보면 보편적인 정치적 감정이기 때문일 것이다. 민주화 시대에 권력을 독점하고 자의적으로 통치한 폭군을 옹호할 수는 없는 일이다.

카이사르는 빛나는 업적 못지않게 과실도 크다. 그중 대표적인 것이 쿠데타를 일으켜 공화정의 전통을 파괴하고 권력을 독점해 자유를 압살했다는 점이다. 따라서 카이사르는 후대에도 양면적 평가를 받는다. 자유를 파괴한 독재자라고 비난하는 사람들이 있는가 하면, 로마를 강력한 지중해의 제국으로 발전시킨 영웅이라고 평가하는 사람들도 있다.

카이사르 광장에 있는 카이사르 동상(24쪽 참조) 아래에는 원로원과 로마인민이라는 뜻의 라틴어 약자 SPQR Senatus Populusque Romanus이 적혀 있다. 이 동상은 이탈리아를 찬탈한 파시스트 무솔리니가 로마 진군 10주년을 기념하며 영원한 종신독재관 카이사르에게 이 광장을 바치고자 세운 동상이다. 20세기의 파시스트가 2000년 전의 독재자 카이사르를 기념하며 비문과 함께 동상을 세운 것이다.

카이사르는 정치가로서 탁월한 리더십을 가진 지도자임에는 틀림없다. 힘이 없을 때는 정치 세력을 끌어 모아 제휴하고, 위기의 순간에 과감하게 결단했으며, 내전에서 승리했을 때는 모든 시민들을 포용해 국가 발전을 도모했다. 심지어 정적까지도 포용했다. 그러나 그는 결국 권력욕에서 해방되지 못한 독재자였다. 일종의 권력의 노예가 된 셈이다. 결국 카이사르는 권력의 정점에서 암살이라는 끔찍한 최후를 맞이하며 몰락했다. 하지만 역사는 그를 권력에 눈이 먼 독재자로만 기억하지는 않는다. 여전히 그는 누군가에게는 위대한 정치 지도자로, 또 다른 누군가에게는 폭군으로 평가된다. 이 두 얼굴 모두가 우리가 기억하는 카이사르다.

인류 역사에는 제2, 제3의 카이사르가 여전히 등장하고 몰락하기를 반복한다. 그중에는 반론의 여지없이 뼛속 깊이 독재자로서만 존재한 인물들도 있고, 국가와 민족의 이익을 위해 나름의 노력을 기울인 사람들도 있다. 후대에 그들에 대한 평가가 달라질 수도 있을지는 알 수 없다.

Q 묻고

답하기 A

카이사르는 빛나는 업적 못지않게 쿠데타를 일으켜 공화정의 전통을 파괴하고 권력을 독점해 자유를 압살한 독재자로 평가받기도 한다. 현대 정치사에도 카이사르와 같은 인물들은 여전히 존재한다. 이 시대를 살아가는 우리로서 카이사르를 모살한 브루투스와 카시우스 롱기누스를 어떻게 해석할 수 있을까?

대중의 지지를 받고 사실상의 독재를 하는 것을 대중독재mass dictatorship라고 부른다. 카이사르뿐만 아니라 20세기 히틀러, 무솔리니 등이 한때 대중독재를 하다가 비극적 종말을 맞이했다. 카이사르 역시 내전의 최후 승자가 된 뒤 종신독재관이 되어 개혁을 추진하다가 원로원 내의 공화정파에 의해 모살당했다.

브루투스와 카시우스 롱기누스 등 카이사르의 모살자들은 대체로 폼페이우스를 지지하다가 카이사르의 관용 정책에 따라 '사면'을 받고 살아남은 귀족들이다. 그들은 원로원 회의장에서 카이사르를 암살하면서 자신들이 로마 인민을 카이사르의 독재에서 해방시킨 '해방자'라고 선전했다.

그러나 로마 인민은 카이사르의 독재가 오히려 인민의 복지와 안전에 부합한다고 생각해 암살자들을 배신자로 선언했고, 2년도 안 되어 카이사르의 후계자들에 의해 자살로 생을 마감했다. 많은 로마 인민 대중은 소수의 귀족들의 '자유'보다 다수 인민의 복지와 안녕을 보장하는 카이사르를 택한 것이다. 오늘날 인민주권의 시대에 반민주적 인 독재를 정당화하기는 어려울 것이고, 브루투스와 카시우스 같은 이들은 '민주투사'로 추앙받을 것이다. 그러나 그들의 거사에 대한 평가는 개인에 따라, 그리고 그로 인해 국가와 다수의 국민에 유익했는지 여부에 따라 다를 수밖에 없을 것이다.

카이사르를 비롯해 많은 황제나 장군들이 자신들의 업적이나 신의 모습을 함께 새겨 넣은 여러 주화들을 발행했는데, 그것은 화폐로서의 가치 외에 어떤 목적이 있었을까?

로마 시대의 화폐는 금화, 은화, 동화 등 주조화폐였다. 화폐에 새겨진 상이나 문구는 오늘날처럼 TV, 인터넷, 신문 등 대중 매체가 발달하지 않았던 당시에는 화폐로서의 경제적 기능 외에 그것을 발행한 황제나 왕, 귀족들의 위세와 힘을 선전하는 좋은 매체였다. 더욱이 황제의 상이나 신들의 상, 그리고 문구들을 새겨넣음으로써 주화는 통치자의 지배를 각인시키는 기능을 수행했다.

2부

Augustus

아우구스투스, 로마의 평화 시대를 열다

'천천히 서둘러라.' 우리에게도 익숙한 이 말은 아우구스투스의 좌우명이다. 그는 자신이 해야 할 일을 한 단계 한 단계 부지런히 이루어냈다. 정책 반감을 최소화하면서 실제로는 통치권을 유지하는 것, 이것이 아우구스투스만의 탁월한 리더십이었다. '아우구스투스의 평화'라고 불릴 만큼 그는 로마에 평화를 가져왔으며 그것은 곧 팍스 로마나의 시작이었다.

신의 아들에서
초대 황제로

팍스 로마나의 서막

카이사르가 암살된 뒤 로마에는 옥타비아누스라는 새로운 인물이 등장하게 되는데 그는 바로 후에 로마의 초대 황제가 된 아우구스투스다. 그러니까 옥타비아누스Gaius Iulius Caesar Octavianus는 아우구스투스Augustus의 본명이다. 아우구스투스는 팍스 로마나Pax Romana, 즉 로마의 평화가 지중해 세계에 가능케한 황제다.

팍스 로마나는 기원전 1세기 말 아우구스투스가 내전을 수습하고 제정을 수립한 때부터 약 200년간의 안정된 시기를 일컫는다. 작은 나라들 간의 충돌을 없애고 치안을 확립해 평화를 누리던 일명 로마의 황금시대라고 할 수 있다.

바티칸 박물관에 있는 아우구스투스의 입상 ©Till Niermann

로마 바티칸 박물관에는 평화의 사도로 불리는 아우구스투스의 조각상이 전시되어 있다. 이 조각상은 1863년 로마 북쪽 20킬로미터 지점에 있는 프리마 포르타 근처 리비아 별장 유적지에서 발견된 것으로, '프리마 포르타의 아우구스투스상'이라고 불린다. 아우구스투스 조각상이 입고 있는 갑옷의 오른쪽에는 파르티아 병사가, 왼쪽에는 로마 병사가 파르티아 병사로부터 군기를 되돌려받는 장면이 새겨져 있다. 아우구스투스는 맨발을 한 채 갑옷을 입고 있는데, 신발을 신지 않았다는 것은 '신神'을 의미하는 것으로, 이는 아우구스투스가 신격화된 동시에 평화의 상징이었다는 것을 뜻한다.

파르티아 전쟁은 크라수스가 4만 명의 군사를 이끌고 원정을 갔다가 겨우 1만 명만이 살아 돌아온, 로마인들에게는 그야말로 치욕적인 전쟁이었다. 카이사르가 설욕의 기회로 삼고자 전쟁을 계획했지만 암살로 인해 끝내 출전하지 못했다. 파르티아 전쟁은 누군가 반드시 해결해야 하는 로마 역사의 중요한 과업이었다. 아우구스투스는 자신의 전성기 때 전쟁이 아닌 평화 외교로 군기를 돌려받음으로써 나라의 자존심을 세웠다.

아우구스투스는 클레오파트라가 다스리던 이집트까지 포함해 유럽과 아시아, 아프리카 지중해 세 대륙을 완벽하게 로마 영토에 편입시켰다. 이로써 로마는 강대한 제국으로 발전하게 된다. 500여 년에 걸친 로마 제정이 전개되면서 로마의 평화가 구현되었는데, 바로 이 출발점에 아우구스투스가 있다. 무질서와 혼란을 수습하고 로마 장기 발전의 토대를 마련한 황제인 것이다.

강력한 리더십을 발휘하며 치적을 쌓아가던 카이사르가 모살되어 한순간에 세상을 떠난 뒤 그의 유언장이 공개되면서 옥타비아누스는 급부상하게 된다. 그는 카이사르의 재산 4분의 3을 상속받는 동시에 카이사르 가문에 입양되었다. 카이사르가 유언장에 자신의 재산과 명성을 계승시킬 후계자로 옥타비아누스를 지목해두었던 것이다. 유언장은 당사자가 죽어야만 그 내용이 공개되는 것이다 보니 카이사르가 살아 있을 때는 누구도 옥타비아누스가 카이사르의 후계자가 될 거라고는 상상도 하지 못했다. 유언장의 내용이 공개되자 사람들은 충격에 휩싸였다.

옥타비아누스는 기원전 63년에 태어나 기원후 14년에 죽었다. 77년을 살았으니 당시의 평균수명으로는 비교적

장수한 셈이다. 사실 그는 로마의 명문가 출신은 아니었다. 로마 남동쪽에 있는 소도시 벨리트라이 출신이었다. 그런 옥타비아누스가 어떻게 카이사르의 양자로 선택되었을까? 바로 카이사르와의 연고 때문이었다. 옥타비아누스는 카이사르의 누나 율리아의 외손자였다.

다음은 율리우스-클라우디우스 황가의 계보다. 중앙에 가이우스 율리우스 카이사르가 있고, 그 오른쪽에 카이사르의 누나 율리아 카이사리스가 있다. 누나 율리아는 마르쿠스 아티우스 발부스Marcus Atius Balbus라고 하는 귀족과 결혼해 둘 사이에 딸 아티아Atia을 두었다. 그리고 아티아가 가이우스 옥타비우스와 결혼해 낳은 아들이 바로 가이우스 옥타비우스다. 그는 이후 카이사르 가문에 입양되면서 가이우스 율리우스 카이사르 옥타비아누스라는 이름을 갖게 된다. 그리고 이후 황제 아우구스투스라는 칭호를 받게 된다.

아들도 없고 외동딸마저 잃은 카이사르로서는 후계자에 대한 고민이 매우 많았을 것이다. 그러다가 누나의 외손자를 떠올렸고 그를 자신의 후계자로 지목해 유언장에 적시해두었던 것이다.

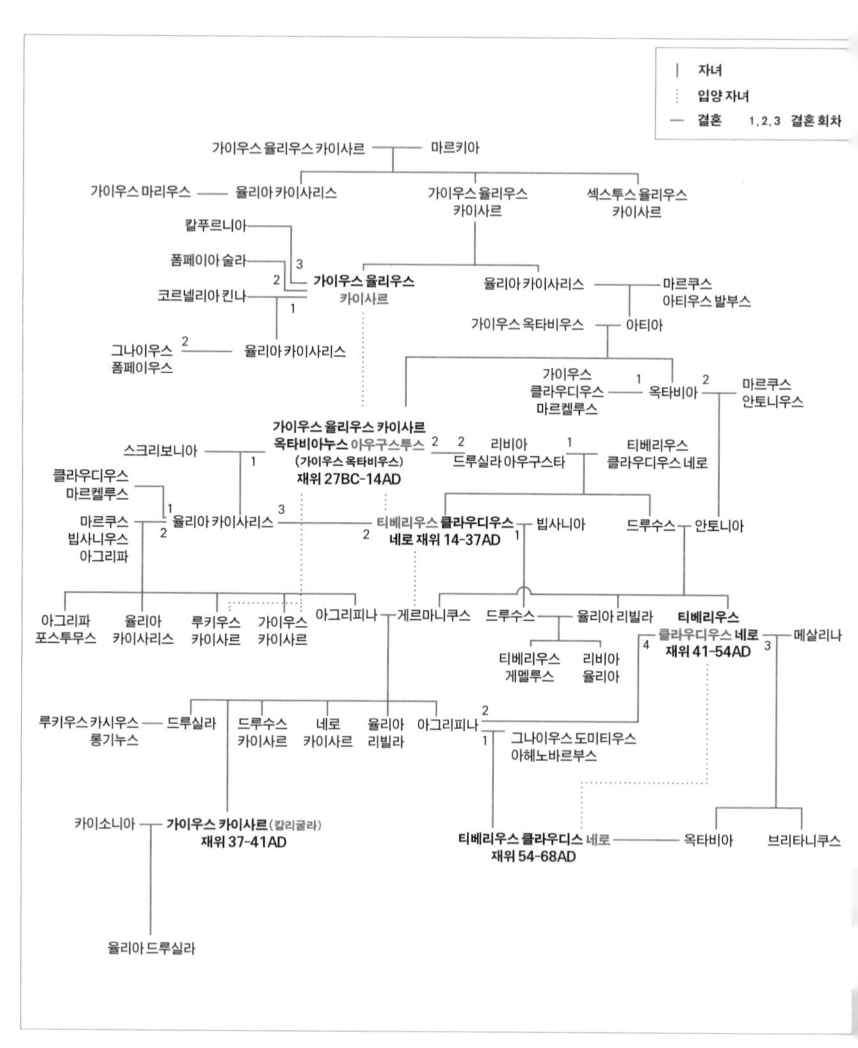

율리우스-클라우디우스 황가의 계보

카이사르의 죽음과 제2차 삼두정치

카이사르 가문에 입양되면서 옥타비아누스는 율리우스 씨족을 계승하게 되는데, 양자가 되면 법적으로 친자와 똑같은 권리를 부여받는다. 옥타비아누스는 카이사르의 아들로서 아버지의 명예와 가문의 명성을 짊어지는 운명을 맞이하게 된다. 당시 그의 나이 불과 19세였다. 이제 막 후계자 수업을 받을 시점에 카이사르의 갑작스러운 죽음으로 옥타비아누스는 카이사르의 후계자로서의 지위를 스스로 굳혀가야 했다.

카이사르의 죽음이 공화정의 회복을 가져올 것이라는 브루투스와 카시우스 롱기누스 등 공화정파의 기대는 수포로 돌아갔다. 평소 카이사르에게 지지를 보내던 도시 로마의 평민들은 충격에 휩싸였다.

특히 카이사르의 유언장이 공개되어 티베리스강 건너에 있는 땅을 시민들이 사용하도록 기부하고, 시민 1인당 300세스테르티우스씩 나눠주라고 한 내용이 알려지자 카이사르를 살해한 공화정파에 대한 반감이 고조되었다. '해방자'로서의 명성을 기대했던 모살자들은 도시 외곽으로 도망치지 않을 수 없었다.

그렇다고 해서 후계자가 된 뒤 옥타비아누스의 앞길이 순탄한 것만은 아니었다. 카이사르 진영은 안토니우스Marcus Antonius나 레피두스Marcus Aemilius Lepidus 등 카이사르와 함께 전쟁을 치른 세력과 새로이 후계자로 선언된 옥타비아누스 진영으로 분열되었다.

그중 기원전 44년에 카이사르의 동료 콘술이면서 사실상 카이사르의 '오른팔'이었던 안토니우스가 가장 유리한 고지에 있는 듯했다. 다만 카이사르의 유언장에 자신에 대한 언급이 한마디도 없자 그는 현재의 지위를 이용해 자신이 제2의 카이사르가 되기 위해 온갖 노력을 다했다. 그는 옥타비아누스의 양자로서의 권리를 무시하고 당시 콘술로서 원로원과 민회의 공권력을 이용해 자신에게 유리한 조치를 취하기 시작했다. 이때 공화정파의 대부 키케로가 옥타비아누스를 지지하면서 안토니우스의 세력을 타파하기 위해 열네 번에 걸친 '필리피카 연설'을 한 것은 아주 유명한 일화다.

그러나 카이사르가 기원전 60년에 귀족파들과 싸우기 위해 폼페이우스와 크라수스와 연합했던 것처럼, 기원전 43년 11월에 옥타비아누스는 안토니우스와 레피두스와

안토니우스와 옥타비아누스의 얼굴이 새겨진 금화 ⓒCNG
왼쪽에는 M·ANT·IMP·AUG·III·VIR·R·P·C·M·BARBAT·Q·P
오른쪽에는 CAESAR·IMP·PONT·III·VIR·R·P·C라고 쓰여 있다

손을 잡았다. 카이사르를 죽인 자들에 대한 복수라는 공동의 목표 아래 이른바 '제2차 삼두정치'가 등장한 것이다. 카이사르의 갑작스런 죽음으로 나라가 혼란에 빠지고 '국가 재건 3인 위원'이라는 이름을 달고 세 사람이 힘을 모아 나라를 바로 세우자는 데에 그 명분과 실리가 맞아떨어진 것이다. 당시 옥타비아누스는 20세, 안토니우스는 40세, 레피두스는 47세였다. 카이사르가 제일 어린 나이로 폼페이우스와 크라수스를 끌어들였듯이, 옥타비아누스 역시 자기보다 스무 살 이상이나 많은 안토니우스와 레피두스와 연합한 셈이다.

제1차 삼두정치에서 카이사르와 폼페이우스가 핵심을

이루었듯이 제2차 삼두정치에서도 옥타비아누스와 안토니우스가 삼두정치의 두 축을 이루었다. 레피두스는 나이도 많았고 공적에 있어서도 안토니우스만 못했다. 다만 독재관 카이사르가 모살당할 때 카이사르의 최측근 기병대장으로서 군권을 장악하고 있었기에 삼두의 일원이 될 수 있었다.

삼두정치의 핵심이었던 옥타비아누스와 안토니우스는 한때 금화의 앞뒷면에 함께 얼굴을 새겨 넣을 정도로 사이가 좋았다. 기원전 42년에 발행된 금화에는 안토니우스의 얼굴이 옥타비우스의 얼굴보다 더 크게 새겨져 있다. 당시만 해도 안토니우스가 옥타비아누스보다 더 중심인물이었다는 것을 보여준다.

신의 아들 옥타비아누스와 필리피 전투

삼두정치의 결성과 함께 제일 먼저 한 일은 카이사르의 명예를 회복하기 위해 카이사르를 신격화하는 것이었다. 비록 카이사르의 몸은 죽었으나 그의 영혼은 로마를 돌보는 신이 되었다며 그를 '신 율리우스Divus Iulius'라고 칭하도록 한 것이다. 카이사르의 신격화의 최대 수혜자는 당연히 옥타비아누스였다. 옥타비아누스는 자연스럽게 자신을 '신의 아들Divi Filius'로 선전할 수 있었기 때문이다.

이후 옥타비아누스는 이를 더 적극적으로 활용해 자신을 '신의 아들 카이사르', 즉 '가이우스 율리우스 카이사르 디비 필리우스 옥타비아누스Gauis Iulius Caesar Divi Filius Octavianus'로 선전했다. 베누스의 후손 율리우스 씨족의 후손이면서 신격화된 카이사르의 아들이니 이보다 더 막강한 힘이 어디 있겠는가.

옥타비아누스가 다음으로 한 일은 카이사르를 모살한 자들을 처단하는 것이었다. 공화파의 주요 인사들을 그냥 두었다가는 세 사람 모두 그들로부터 공격을 당할 게 뻔했기 때문이다. 이를 위해 안토니우스와 옥타비아누스는 기원전 42년 가을에 카이사르파 군대를 이끌고 그리스 중북부에 있는 필리피에서 카이사르 모살을 주도한 브루투스와 카시우스 롱기누스의 공화파 군대와 두 차례의 치열한 전투를 벌인다.

10월 초에 치러진 1차 전투에서 브루투스는 옥타비아누스 군대를 물리친 반면, 카시우스 롱기누스는 안토니우스 군대에 패했다. 그러나 시력이 나빴던 카시우스 롱기누스는 브루투스 군대 역시 패한 줄 알고 절망해 자살하고 말았다. 3주 후에 치러진 2차 전투에서 브루투스의 공화파 군대와 옥타비아누스와 안토니우스 연합군의 치열한 접전 끝에 마침내 카이사르파가 승리하고 브루투스는 자살로 생을 마감한다.

공화정파는 그렇게 역사에서 하나씩 사라져갔다. 역사는 돌고 돈다고 했던가. 로마 정치는 카이사르가 이끌던 제1차 삼두정치와 다를 바 없이 동맹과 경쟁을 반복하며 카이사르파 3인방을 남긴 채 또 다른 일인자를 기다리게 되었다.

옥타비아누스 시대의 개막

필리피 전투 이후 안토니우스가 동방에서 자신의 입지를 구축하는 동안 이탈리아를 장악했던 옥타비아누스는 기원전 42년 가을 이탈리아로 돌아가 그와 함께 싸운 카이사르파 노병들에게 나누어줄 토지를 확보해야 했다. 이를 위해서는 북부 이탈리아의 토지를 몰수하는 수밖에 없었다. 희생양이 된 북부 이탈리아 도시들이 반발하자 안토니우스의 동생 루키우스 안토니우스와 안토니우스의 처 풀비아는 공화정파 잔존 세력과 연합해 중부 이탈리아의 페루지아를 거점으로 옥타비아누스의 패권에 도전했다. 페루지아 전쟁이 발발했지만 결국 옥타비아누스 측이 승리했고, 반대파와 그에 가담한 페루지아는 잔인한 보복을 당했다.

뒤늦게 페루지아 전쟁 소식을 들은 안토니우스는 군대를 이끌고 이탈리아 남부 해안에 나타났다. 하지만 양측 병사들이 싸우기를 거부하는 바람에 브룬디시움 항구에서 협상과 타협을 하게 된다(기원전 40년 브룬디시움 협약). 이 브룬디시움 협약에서 안토니우스는 동부 지중해, 옥타비아누스는 서부 지중해, 레피두스는 아프리카를 맡기로 결정하게 된다.

그런데 옥타비아누스는 아무래도 안토니우스를 온전히 신뢰하기 어려웠다. 그래서 자기의 누나 옥타비아를 안토니우스와 혼인시킨다. 안토니우스의 세 번째 아내였다. 옥타비아는 마르켈루스라는 귀족과 결혼했으나 사별한 상태였고, 안토니우스 또한 옥타비아누스에게 저항했던 풀비아가 기원전 40년에 죽었기 때문에 홀아비 상태였다. 그렇게 해서 옥타비아누스와 안토니우스는 정식으로 처남, 매부의 관계가 되었다. 카이사르가 삼두정치를 위해 자신의 딸을 폼페이우스와 결혼시켰듯이 옥타비아누스 역시 자신의 누나를 안토니우스와 맺어준 셈이다.

세 사람은 브룬디시움 협약을 통해 삼두정치를 재조정했지만 오래가지 못해 다시 내분이 일어났다. 이 내분의 시초는 안토니우스였다. 안토니우스가 동부 지중해를 맡고 보니 남쪽의 이집트가 아주 마음에 들었다. 카이사르가 이집트에서 클레오파트라를 만나 외교적으로 손을 잡았던 것처럼 안토니우스 역시 클레오파트라와 손을 잡았다. 당시 클레오파트라 입장에서는 카이사르의 아이까지 낳았지만 갑작스런 그의 죽음으로 상황이 녹록치 않은 상태였다. 여왕 클레오파트라는 제2차 삼두정치의 실세가 누구인지를 면밀히 분석한 뒤 안토니우스와의 동맹을 결정했다. 안토니우스가 경력도 훨씬 더 화려했고 게다가 그가 맡은 지역이 동부 지중해였기 때문이다.

옥타비아누스는 안토니우스가 자기 누나를 배신하고 클레오파트라와 동맹한 것에 분노했다. 시간이 갈수록 클레오파트라와 안토니우스의 유대는 더욱 강화되었고, 급기야 안토니우스가 옥타비아를 쫓아내기까지 하는 상황이 펼쳐졌다. 이 사건은 그렇잖아도 들끓던 옥타비아누스의 분노에 기름을 부은 격이었고, 제2차 삼두정치는 다시 위기를 맞이하게 되었다.

기원전 36년, 옥타비아누스는 레피두스의 도움으로 폼페이우스의 아들 섹스투스 폼페이우스 세력의 거점이었던 시칠리아로 출진했다. 시칠리아를 점령한 뒤 레피두스는 자신의 공을 내세우며 시칠리아와 아프리카의 통치권을 주장했으나 옥타비아누스는 오히려 이를 레피두스를 제거할 기회로 삼았다. 제대로 된 교전도 없이 레피두스 군대는 옥타비아누스에게로 넘어왔고, 레피두스는 이용만 당한 채 축출되었다. 레피두스는 삼두로서의 지위와 모든 군직을 빼앗긴 뒤 형식적으로 대신관의 지위만 지닌 채 남부 이탈리아의 항구도시 키르케이이로 유배되었다. 이로써 안토니우스와 옥타비아누스의 경쟁이 노골화되었다.

옥타비아누스는 기원전 31년에 그리스 서해안 지역인 악티움 해전에서 안토니우스와 클레오파트라 연합군과 접전을 펼친 끝에 그들을 격파한다. 그리고 기원전 30년, 옥타비아누스는 이집트의 수도 알렉산드리아로 돌격해 그곳을 점령하면서 내전을 마무리한다. 최후를 직감한 안토니우스는 스스로 목숨을 끊었고, 클레오파트라 역시 그 뒤를 따르며 100여 년 이상 계속되어온 로마의 내전이 종결되었다. 악티움 해전은 공화정이 무너지고 옥타비아누스가 최후의 승자가 되는, 로마사에 있어서 매우 중요한 전쟁으로 기록된다. 이렇게 해서 제2차 삼두정치는 끝이 나고 옥타비아누스의 시대가 열리게 된다.

내전의 최후 승자가 된 '존엄한 자'

아우구스투스의 등극

내전의 최후 승리자가 된 옥타비아누스. 그는 카이사르가 제1차 삼두정치에서 독자적으로 승리해 독재관이 된 뒤 강력한 리더십으로 개혁과 군사적 승리를 이어나갔으나 원로원의 공화주의자들과 척을 지어 결국 그들에게 모살당한 사실을 누구보다 잘 알고 있었다. 옥타비아누스는 무엇보다 원로원이라는 전통 공화정파의 본거지를 쉽게 평가에서는 안 된다고 생각했다.

그는 원로원의 위상을 회복시켜주는 동시에 그들을 활용했다. 한마디로 '기브 앤 테이크give and take' 전략이었다. 권력과 권위를 독점하고 있던 원로원에는 당파 간의 이해관계에 의해 자리를 차지하고 있는 의원들의 수가 많았다. 그는 원로원의 위상을 회복한다는 명분 아래 기원전 28년에 소위 제1차 원로원 숙청을 통해 도덕적으로나 정치적으로 원로원 의원으로서의 자질을 갖추지 못한 200여 명의 의원을 제거했다. 그 대부분은 자기를 반대하는 세력들인 안토니우스파나 공화정파였다. 원로원을 자신의 국정 파트너로 만들기 위한 전략이었다.

그리고 기원전 27년 초, 옥타비아누스는 '공화정 회복'을 선언했다. "국가를 원로원과 로마 인민(S.P.Q.R.)에게 이양한다"는 것이었다. 원로원 의원들은 몹시 의아해했다. 그가 원로원을 무시하며 독재를 일삼던 카이사르와는 전혀 다른 리더십을 보였기 때문이다. 원로원 의원들 중 많은 사람들이 이대로 물러나면 안 된다며 옥타비아누스를 만류했다. 내전이 끝났지만 정치적 야망에 사로잡힌 또 다른 자들의 등장으로 나라가 다시 위기에 빠질지도 모른다는 이유에서였다.

원로원은 두 가지 결정을 내리게 된다. 첫 번째 결정은 옥타비아누스가 명실상부한 지도자로서 나라를 꾸려갈 수 있도록 통치권을 재정비하는 것이었다. 군사적으로나 정치적으로 위험해서 옥타비아누스의 리더십이 필요한 속주들은 그가 맡고, 나머지 속주들은 원래대로 원로원이 계승하겠다는 것이었다. 원로원과 옥타비아누스가 로마를 분할 통치하다가 군사적으로나 정치적으로 위험이 해소되면 그때 원로원이 다시 모든 것을 통치하면 어떻겠느냐는 제안이었다. 그럴듯하면서도 실질적인 제안이었다.

옥타비아누스가 통치하게 된 속주들은 갈리아, 히스파니아, 이집트, 그리고 시리아였다. 이 속주들은 군사적으로 위험한 지역이라는 공통점을 가지고 있었다. 군대가 주둔한다는 것은 권력의 가장 핵심인 군사력을 독점한다는 뜻이었다. 군대가 주둔해 있는 속주는 군사령관들의 생각이 매우 중요했는데, 이들은 모두 옥타비아누스를 지지하는 사람들이었으므로 자연스럽게 옥타비아누스 체제가 유지되었다. 그리고 나머지 문제될 게 없는 평화적 속주들은 원로원이 통치했다.

히스파니아, 갈리아, 시리아, 이집트 등은 일명 황제 속주로 불리는 군대 속주였다. 원래는 이 지역들을 10년 동안만 자신이 관리하고 이후 원로원에 돌려준다는 계획이었다. 하지만 10년이 지나자 그는 이 지역들의 치안 유지가 필요해 자신이 조금 더 관리해야 할 것 같다며 10년을 더 연장했다. 결국 황제 속주는 죽을 때까지 자신이 통치하다가 이후 그 권한을 아들에게 넘겨주었다.

원로원의 두 번째 결정은 옥타비아누스의 칭호를 정하는 것이었다. 콘술도 과한 명예이긴 했으나 나라를 통치하는 사람에게 어울릴 법한 칭호가 필요했다. 옥타비아누스에게 열광하던 지지자들 중에는 제2의 로물루스라고 칭하자는 제안까지 하는 사람들도 있었다. 하지만 로물루스는 로마를 건국한 왕의 이름이다. 그것은 왕을 두지 않겠다는 공화정파의 정신에 반하는 일이었다.

고심 끝에 한 귀족이 정치적인 느낌이나 군사적인 개념이 담겨 있지 않은 '아우구스투스'가 어떻겠느냐고 제안했다. 아우구스투스는 '존엄한 자'라는 뜻이었다. 결국 옥타비아누스는 '아우구스투스Augustus'라는 새로운 칭호로 불리게 되었다. 그리고 이 칭호는 옥타비아누스를 시작으로 이후 로마 황제를 지칭하는 호칭으로 굳어지게 된다.

왕이라는 표현을 사용하지만 않았을 뿐, 아우구스투스는 어떤 면에서는 왕보다 더 큰 힘을 가진 황제로서의 체제를 만들어갔다. 정책 반감을 최소화하면서 실제로는 통치권을 유지하는 것, 이것이 아우구스투스만의 탁월한 리더십이었다.

아우구스투스의 프린키파투스

옥타비아누스는 아우구스투스 외에도 '프린켑스Princeps'라는 칭호를 선호했다. 프린켑스는 라틴어로 '첫 번째'라는 뜻이며, 국가의 제일시민 또는 원수라는 의미의 '프린켑스 키비타티스Princep Civitatis'의 줄임말이다. 자신을 '제일시민'으로 자칭함으로써 공화정파 귀족들의 반감을 무마하려는 의도로 해석된다. 따라서 학자들은 그의 신체제를 아우구스투스의 프린켑스 체제(원수정)로 부른다. 아우구스투스의 원수정은 공화제의 전통을 살린 제정으로 원로원에서 여러 가지 권한을 위탁받아 통치한다는 것을 강조한 것이다.

기원전 23년 11선 콘술직에 있던 아우구스투스를 암살하려는 모의가 발각되자, 그는 콘술직을 사퇴하고 다른 귀족들이 콘술직을 차지하도록 했다. 하지만 종신호민관의 권한은 보유함으로써 자신의 인기를 유지해나갔다. 호민관은 평민들의 권익을 보호하는 자로서 1년에 열 명씩 선출했는데, 매년 입후보해 선출되는 관행을 거치지 않고 평민들의 필요를 채워주는 역할만 하겠다는 것이었다. 기원전 22년, 티베리스 강이 범람해 곡물 위기가 발생하고 가난한 로마의 평민들이 아사 위기에 처하자 아우구스투스는 자신의 재산을 털어 식량을 공급함으로써 자기만의 능력을 과시했다.

기원전 19년, 종신 콘술의 권한도 확보하면서 아우구스투스는 1년 임기의 콘술보다 더 막강한 권한을 행사하게 된다. 기원전 18년, 그는 제2차 원로원 숙청을 실시했다. 원로원 정상화를 이유로 부적격자들을 또다시 색출해 제거한 것이다. 결국 원로원에는 600명의 의원들이 남았고, 이들은 대부분 아우구스투스를 지지하는 세력들이었다. 아우구스투스는 자연스럽게 원로원을 완전 장악했다.

기원전 12년, 아우구스투스는 폰티펙스 막시무스Pontifex Maximus라는 대신관직을 차지했다. 이는 제2차 삼두정치의 한 사람이었던 레피두스가 가지고 있던 칭호였다. 그가 죽자 그 권한을 자연스럽게 자신이 확보한 것이다.

기원전 2년에 이르러 아우구스투스는 막강한 리더를 상징하는 '국부Pater Patriae'라는 칭호를 부여받는다. 이러한 일련의 과정들은 아우구스투스가 정치적으로 민감한 사안은

리옹에서 주조한 아우구스투스와 티베리우스 금화(서기 14년) ©CNG

피해가면서 실제로는 점점 더 강력한 리더로 자리잡아가는 단계였다. 그러한 면에서 아우구스투스는 정치의 귀재라고 할 수 있다.

아우구스투스는 금화를 발행하면서 앞면에는 자신의 얼굴과 함께 'CAESAR AVGVSTVS DIVI F PATER PATRIAE(카이사르 아우구스투스 신의 아들 국부)'라고 자신의 칭호를 모두 새겨 넣었다. 그리고 뒷면에는 'TI CAESAR AVG F TR POT XV(티베리우스 카이사르, 아우구스투스의 아들 호민관의 권한 15년차)'라고 새겨 넣었는데, 이 문구는 그의 후계자가 될 티베리우스 카이사르의 이름이다. 카이사르가 갑작스레 살해되면서 19세의 나이에 아무 준비도 없이 후계자가 되어 온갖 고난을 겪었던 자신의 경험이 후대에 되풀이되지 않도록 하기 위해서였다. 그는 아직 자신이 살아 있고 힘이 있을 때 미리 후계자를 정해두었다.

아우구스투스는 군대를 장악하고 이를 재편성했다. 70개였던 정규 군단을 25개로 축소했다. 군단을 대거 축소하자 많은 병사들이 졸지에 백수 신세로 전락했다. 그러자 아우구스투스는 이들에게 땅을 지급해 정착할 수 있도록 지원했다. 군인들은 더 이상 힘든 군대생활을 하지 않고도 생계를 꾸릴 수 있게 되었다.

아우구스투스는 직업군인 제도를 좀 더 체계화해 복무 기간과 봉급을 새롭게 규정했다. 봉급은 연봉제로 바뀌었고, 복무 기간도 16년에서 20년으로 연장했다. 또한 속주민 가운데 로마 군대에서 복무하는 사람들에게는 25년 근무 후 토지도 제공하고, 로마 시민권도 부여하도록 했다. 그럼으로써 로마 군대는 황제의 통솔 하에 강력한 군대로 유지되었다.

아우구스투스는 모두 9개 연대로 이루어진 근위대라는 특수 부대도 창설했다. 그중 6개 연대는 주변 농촌 지역에 배치하고, 나머지 3개 연대는 로마에 상주시켜 황제의 신변보호를 담당하도록 했다. 이는 최고 권력자로서 언제, 누구로부터 목숨을 위협받게 될지 알 수 없는 불안감 때문이었다. 근위대장은 충성심이 강한 기사 신분 출신을 임명했다.

또 다른 특수 부대로는 소방대Vigiles Urbani가 있었다. 로마에는 많은 사람들이 모여 살았고, 서민들은 대개 목조 가옥을 짓고 살았다. 하지만 목조 가옥은 화재에 취약할 수밖에 없었다. 아우구스투스는 해방자유민 7000명을 뽑아 모두 7개 연대로 구성된 소방대를 만들어 불이 나면 조속히 화재를 진압해 서민들의 안전은 물론 도시를 지킬 수 있도록 했다. 소방대장도 마찬가지로 기사 신분 출신자를 임명했다. 뿐만 아니라 3개 연대로 구성된 3000~4500명 규모의 수도경비대Cohortes Urbanae도 창설했다. 로마의 질서와 치안 유지를 담당하는 부대였다. 원로원 신분인 로마 시장Praefectus Urbi이 이를 지휘했다.

국가 관리 조세 제도 확립

아우구스투스는 군대뿐만 아니라 재정도 장악했다. 오늘날의 자본주의 시대에만 그런 것이 아니라 고대 로마 시대에도 지도자로서 가장 중요한 것은 군대와 재정이었다. 아우구스투스는 이 둘을 모두 장악하는 데에 성공했다. 사실상 대부분의 속주를 관리하면서 속주의 재정도 장악했다. 황제 속주의 재정 금고는 말할 것도 없고, 원로원이 관할하던 국고마저 황제의 통제 하에 들어갔다.

카이사르로부터 물려받은 엄청난 규모의 재산과 비옥한 옥토로 이루어진 이집트가 모두 황제의 자산이었다. 그렇게 개인 재산이 많다 보니 그는 나랏일에 자신의 돈을 아낌없이 쏟아 부었다. 바로 이 점이 오늘날 정치권력을 장악한 이들이 공금을 제 돈인 양 사용하는 것과 가장 큰 차이점이 아닐까 싶다.

아우구스투스는 조세 제도 또한 확립했다. 사실 정치가 혼란할 때는 조세 제도가 가장 큰 문제다. 집행해야 할 국가 예산은 산더미인데 세금이 제대로 걷히지 않으면 문제가 커지기 때문이다. 로마에서 이전까지는 국가가 직접 세금을 징수하지 않고 이를 전문으로 하는 곳에 맡겼다. 국가가 그들로부터 미리 돈을 받고 그들에게 징세권을 파는 시스템이었다.

징세권을 산 사람들은 기사 신분 출신이었다. 그들은 속주민들의 5년치 세금을 미리 국가에 납부한 뒤 징세권을 받아 그걸 가지고 자신들이 직접 세금을 거두었다. 그런데 이들이 걷는 세금은 징세권을 사기 위해 국가에 납부한 액수보다 훨씬 많았다. 자기들 몫을 세금에 추가해 거두었기 때문이다.

속주민들을 상대로 한 이들의 횡포가 심해지자 아우구스투스는 속주민들의 재산을 모두 파악해 그에 따라 세금을 걷도록 지시했다. 성서 『누가복음』에는 이 내용이 그대로 기록되어 있다.

> 이때에 가이사 아구스도가 영을 내려 천하로 다 호적하라 하였으니, 이 호적은 구레뇨가 수리아 총독 되었을 때에 첫 번 한것이라. 모든 사람이 호적하러 각각 고향으로 돌아가매 요셉도 다윗의 집 족속인 고로 갈릴리 나사렛 동네에서 유대를 향하여 베들레헴이라 하는 다윗의 동네로 그 정혼한 마리아와 함께 호적하러 올라가니 마리아가 이미 잉태되었더라.[7]

아우구스투스의 명령에 따라 모든 사람이 호적을 등록

하러 자기 고향으로 돌아갔다. 요셉도 베들레헴이라는 곳으로 정혼한 마리아와 함께 호적을 등록하러 올라갔는데, 임신 중인 마리아에게서 예수가 태어났다는 내용이 이어진다. 예수의 탄생과 아우구스투스라니, 아주 흥미로운 이야기가 아닐 수 없다. 어쨌든 아우구스투스는 세금을 제대로 걷기 위해 이와 같은 호적령을 내렸다. 이제 아우구스투스의 시대는 이와 같은 다양한 변화에 의해 본격적인 평화의 시대를 맞이하게 된다.

아우구스투스의 빵과 서커스

자유와 평화의 사도

아우구스투스의 평화의 시대가 도래하면서 많은 사람들은 혼란과 무질서의 시대가 가고 공화정이 회복되었다고 생각했다. 이는 아우구스투스 스스로도 인정한 바였다. '평화'는 아우구스투스 정치 선전의 중요한 키워드였다. 인류의 역사가 전쟁과 평화의 교차로 이루어졌다고 해도 과언이 아니다 보니 평화는 대개의 사람들이 간절히 원하는 것이었다. 사람들이 원하는 그 평화가 이제 지중해 세계에 도래한 것이다.

이를 구체화하기 위해 기원전 13년 7월 4일, 히스파니아와 갈리아에서 돌아온 아우구스투스를 맞이해 원로원에

로마에 있는 아우구스투스 평화의 제단 ©Manfred Heyde

서는 평화가 오래 지속되기를 기원하는 목적으로 평화의 제단Ara Pacis을 지었다. 기원전 9년 1월 30일에 봉헌된 이 제단에는 율리우스 클라우디우스 황가 식구들과 로마의 군중을 새겨 넣었다. 로마 여신이 아기를 안고 젖을 먹이는 장면과 동물들이 한가로이 앉아 있는 등의 평화로운 모습이다.

그러나 기원전 28년 발행된 은화에도 이미 '평화PAX'라는 단어가 각인된 것이 있었다. 그 은화의 뒷면에는 '로마

에페소스 주조(기원전 28년) ⓒCNG
왼쪽 사진 옥타비아누스 초상 주변에 IMP CAESAR DIVI F COS VI LIBERTATI S P R VINDEX, 오른쪽 사진의 평화의 여신 옆에 PAX라고 새겨져 있다

인민의 자유의 수호자LIBERTATIS P R VINDEX'라고 새겼는데, 이는 스스로를 자유를 회복한 평화의 사도로 선전하면서 일인정으로 나가려 했음을 보여주는 것이다.

서기 1세기 후반 로마의 역사가인 타키투스Tacitus는 아우구스투스가 "이전 시기의 원로원과 정무관 법의 기능을 사실상 독점하고 권력을 자기에게로 귀속시켰다"고 기록했다. 시간이 지나면서 그는 점차 실상을 알게 되었는데, 공화정의 회복은커녕 아우구스투스가 모든 권력을 장악했다는 것이다.

반면 2~3세기 그리스의 역사가 카시우스 디오Cassius Dio는 아우구스투스의 일인정을 "자유와 질서를 보장하는 가장 이상적인 체제"라고 기록했다. 많은 시간이 지나고 보니 실제로 아우구스투스가 대제국을 평화롭고 안전한 곳으로 만들었다고 평가했기 때문이다.

하지만 18세기 영국의 역사가 에드워드 기번Edward Gibbon은 근대의 정치 이념에 비추어볼 때 아우구스투스 체제의 속성은 "공화정체로 위장된 절대군주정"이라며 비판적으로 평가했다.

카이사르, 황제 그리고 국부

카이사르가 종신독재관이라는 칭호로 불리며 힘으로 나라를 통치하다 몰락한 것과 달리 아우구스투스는 여러 가지 칭호로 자기의 지위를 나누었다. 카이사르라는 가문의 이름으로 시작해 기원전 38년부터는 임페라토르 카이사르라는 칭호를 사용했다.

임페라토르는 로마 공화정 시대에 큰 승리를 거둔 장군을 대상으로 하는 칭호였다. 그래서 공화정 시대에는 임페라토르가 많았다. 원래 공화정 시대에는 가령 카이사르 임페라토르, 폼페이우스 임페라토르, 크라수스 임페라토르처럼 이름 뒤에 임페라토르를 붙였었다. 전쟁에서 큰 공을 세우고 원로원이 승인하면 누구나 임페라토르라는 칭호를 사용할 수 있었다.

아우구스투스는 이 칭호를 교묘하게 활용했다. 임페라토르의 위치를 이름의 뒤가 아닌 앞으로 바꿔 '임페라토르 카이사르'라고 칭했다. 그럼으로써 이제 유일무이한 카이사르가 된 것이다. 이 말이 굳어져 후에 '엠퍼러emperor'가 되는데, 이는 영어로 '황제'라는 뜻이다.

황제라는 표현은 왕 위에 군림하는 더 센 통치자를 뜻하게 되었다. 아우구스투스에 의해 새로운 지도자를 지칭하는 개념이 탄생한 것이다. 그럼으로써 공화정기에는 많은 임페라토르가 있었지만 아우구스투스 시대에는 오직 단 한 사람의 임페라토르만 존재하게 되었다. 아우구스투스는 카이사르 가문의 일인자가 되었고, 결국 왕이 아닌 황제로 거듭나게 되었다.

기원전 27년에는 앞에서 보았듯이 원로원에서 '아우구스투스'라는 새로운 칭호를 부여했다. 이미 언급했듯이 이는 '존엄한 자'라는 뜻으로, 신적인 지위를 부여한 개념이라고 할 수 있다. 그리고 제일시민, 즉 '원수元首'라는 의미의 프린켑스라는 칭호도 사용했다. 기원전 2년에는 국부라는 뜻의 '파테르 파트리아이'라는 명예의 칭호를 사용했다. 평화를 뜻하는 팍스나 황제를 뜻하게 된 임페라토르 등의 단어들은 주화를 발행할 때도 앞뒷면에 빠짐없이 새겨 넣었다.

아우구스투스는 벽돌의 로마를 대리석의 로마로 변모시켰다. 도시 로마는 제국의 위엄에 걸맞게 장식되어 있지도 않았고, 홍수와 화재에 노출되어 있었다. 그는 도시를 안전하고 아름답게 꾸몄다. 그가 스스로 "나는 벽돌의 도시를 보아왔으나 대리석의 도시를 남겨주었노라"고 자부한 것은 지당했다. 뿐만 아니라 그는 로마에 매우 웅장한 스타일의 아우구스투스 광장도 만들었다.

물과 빵과 서커스

'빵과 서커스'는 로마 정치를 이야기할 때 빼놓을 수 없는 말이다. 1세기 말에 유베날리스의 풍자시에서 유래한 '빵과 서커스'라는 표현은 제정기의 포퓰리즘을 비꼬는 말이다. 여기서 빵은 식량을 뜻하고, 서커스는 전차 경주나 검투사 경기와 같이 당시 로마인들이 즐기던 대중오락을 뜻한다. 유베날리스는 공화정기에는 나라의 주인이던 로마 시민들이 이제 국가를 생각하기보다는 황제가 제공하는 빵과 서커스에 길들여져 희희낙락하며 살아가고 있다고 비판한 것이다. 유베날리스의 『풍자시집』 일부(10장 77-81행)를 인용해보면 다음과 같다.

> 이미 오래전 우리가 투표권을 빼앗김으로써 누구에게도 표를 팔지 않게 되었을 때, 인민은 나라를 걱정하는 마음마저 내던져 버렸다. 왜냐하면 한때 임페리움大權, 파스케스, 군단, 모든 걸 부여하곤 했던 인민이, 지금은 제 자신만 생각하고, 더욱이 단 두 가지 것(빵과 전차 경기에)에만 혈안이 되어 바라고 있으니까.

오늘날에도 정치적 목적으로 국민들의 관심을 돌리기 위해 영화나 스포츠에 열광하도록 만드는 이 같은 사례는 흔히 있다. 국민들로 하여금 오락이나 흥밋거리에 정신을 빼앗겨 정치에 둔감하게 만들려는 목적이다.

고대 로마에는 키르쿠스 막시무스Circus Maximus라고 해서 대규모 전차 경기장이 있었는데, 이곳에서 전차 경기는 물론 축제 등을 치렀다. 시초는 목조로 건설된 타원형 경기장

로마에 있는 키르쿠스 막시무스(전차 경기장)의 현재 모습

'에스파냐의 로마'로 불리는 에메리타 아우구스타의 로마 극장 유적. 칸타브리아 전쟁(기원전 25년)에서 공을 세운 두 개의 퇴역 군단병들의 정착지로, 로마의 속주인 루시타니아 수도였다. 1993년에 유네스코 세계문화유산으로 지정되었다.
ⓒXauxa

세고비아의 로마 수도교

이었으나 기원전 50년 카이사르가 2만 7000명을 수용할 수 있는 규모로 다시 건설했고, 이후 4세기 콘스탄티누스 대제 때는 약 25만 명을 수용할 수 있도록 그 규모를 더욱 확장했다. 사람들은 이곳에 모여 전차 경주와 검투 경기에 열광했다.

아우구스투스는 로마 시민들이 언제든 마음껏 사용할 수 있도록 물을 공급했는데, 수도교를 건설해 2~30킬로미터 떨어진 곳에서 물을 끌어오는 시스템이었다. 지금도 곳곳에 이 수도교의 흔적이 고스란히 남아 있다. 수도교는 로마뿐만 아니라 아우구스투스 군단이 정착해 있던 식민시, 즉 오늘날 에스파냐의 톨레도나 마드리드의 세고비아에도 그 흔적이 잘 보존되어 있다. 에스파냐에는 수도교뿐만 아니라 아우구스투스 때 건설된 로마 극장과 원형 경기장의 유적도 있는데, 로마보다 더 잘 보존이 되어 있다. 아우구스투스는 이렇게 새로운 로마 시대를 만들어나갔다.

"천천히 서둘러라,
평화를 위해"

아우구스투스의 후계자들

아우구스투스는 카이사르와 같은 비참한 최후를 맞이하지 않기 위해서라도 자신의 후계자 문제에 일찍부터 신경을 썼다. 하지만 안타깝게도 아우구스투스에게는 아들이 없었다.

기원전 26년, 아우구스투스는 본격적으로 후계자를 만들기 위한 준비에 돌입했다. 그는 외동딸 율리아를 자신의 조카, 즉 누나의 아들인 마르켈루스와 혼인시켰다. 아우구스투스의 딸도 역시나 정략결혼의 희생양이 된 셈이다. 하지만 마르켈루스는 결혼한 지 3년 만에 젊디젊은 나이로 사망하고 만다. 그때 율리아의 나이 겨우 18세였다.

로마의 판테온 유적으로 전면 상단에 'M·AGRIPPA·L·F·COS·TERTIVM·FECIT'라고 새겨져 있는데, 'M(arcus) Agrippa L(ucii) f(ilius) co(n)s(ul) tertium fecit' 즉, 루키우스의 아들 마르쿠스 아그리파가 3선 콘술 때(기원전 28년) 건립했다는 뜻이다. 현재 건물은 서기 125년에 하드리아누스가 재건한 것이다.
ⓒArpingstone

아우구스투스는 혼자된 딸 율리아를 다시 자기의 친구 아그리파Marcus Vipsanius Agrippa와 재혼시켰다. 아그리파는 젊은 시절부터 아우구스투스와 친분을 맺어온 친구였으며, 아우구스투스의 정계 진출을 적극 도왔고, 수도와 로마의 신들을 모시기 위해 세운 판테온 등 각종 공공시설을 신설하고 로마제국을 측량해 지리서를 제작한 인물이다.

율리아와 재혼할 당시 아그리파는 42세였다. 정략결혼의 부정적인 면들이 고스란히 드러나는 재혼이었다. 그럼에도 두 사람은 여러 명의 자식을 두었다. 아우구스투스는 이 중 두 명의 아들, 즉 루키우스와 가이우스를 자신의 후계자로 삼기 위해 입양했다. 다시 말해 두 명의 외손자를 카이사르 가문에 입양해 아들로 만들어 자신의 뒤를 잇도록 하겠다는 전략이었다.

그런데 기원전 12년, 아그리파마저 세상을 떠나고 만다. 아우구스투스의 딸 율리아는 또다시 과부가 되었다. 아우구스투스는 다시 율리아를 티베리우스와 결혼시켰다. 세 번째 결혼이었다. 티베리우스Tiberius Iulius Caesar Augustus는 아우구스투스의 의붓아들이었는데, 아우구스투스가 좋아했던 귀족 부인 리비아의 아들이었다. 리비아의 남편 클라우디우스는 공화정파였다. 아우구스투스는 그를 살려주는 조건으로 그의 아내 리비아를 빼앗았다. 그런 뒤 율리아를 낳은 자신의 전부인과 이혼했다.

아우구스투스가 리비아를 빼앗아와 강제 결혼을 하다시피 했을 때 리비아의 아들 티베리우스의 나이는 두 살이었다. 게다가 그녀의 뱃속에는 전남편의 또 다른 아이가 자라고 있었다. 결국 리비아와 아우구스투스 사이에 친자식은 한 명도 없었다. 다시 말해 리비아는 전남편의 두 아들인 티베리우스와 드루수스를 데리고 아우구스투스와 살았던 것이다.

티베리우스는 어린 시절부터 의붓아버지인 아우구스투스를 싫어했다. 물론 자신의 친어머니인 리비아와도 사이가 좋지 않았다. 충분히 그럴 수 있는 환경이었으리라. 이를 모르지 않았던 아우구스투스는 티베리우스를 후계자에서 제외시켰다.

하지만 아그리파가 죽고 나자 이렇다 할 대안이 없었다. 하는 수 없이 아우구스투스는 티베리우스를 또다시 과부가 된 딸 율리아와 결혼시켰다. 단 아그리파의 아들 가이우스와 루키우스를 잘 보살펴주어야 한다는 조건이었다. 티베리우스는 아우구스투스의 의붓아들이자 사위가 되었다.

그런데 역설적이게도 두 양자인 가이우스와 루키우스가 젊은 나이에 모두 사망하고 만다. 이제 남은 것은 티베리우스뿐이었다. 기원전 4년, 결국 아우구스투스는 울며 겨자 먹기로 의붓아들이자 사위인 티베리우스를 자신의 아들로 입양하기로 결정한다. 오랜 시간 동안 철저하게 후계자 준비를 해왔으나 결국 원치 않은 인물에게 후계자를 넘겨주게 된 것이다.

존엄한 자의 죽음과 유언

서기 14년 8월 19일, 아우구스투스는 77세의 나이로 세상을 떠난다. 병세가 악화되어 나폴리 아래쪽에 있는 놀라라는 지역의 별장에 머물고 있던 아우구스투스는 티베리우스와 면담을 하고 친구들을 불러 유쾌한 농담도 나누었다. 그는 친구들에게 인생이라는 소극에서 자신이 맡은 역할을 충분히 잘해낸 것 같으냐고 물었다. 그러고는 연극의 맺음말로 마지막 인사를 전했다. "그동안 즐거웠다면 부디 따뜻한 작별인사로 여러분의 감사를 전해주시기 바랍니다."

로마 광장의 카이사르 신전 앞에 아우구스투스의 시신이 도착하고, 입양된 아들 티베리우스가 추도사를 전했다. 아우구스투스는 마르스 들판(캄푸스 마르티우스)에 있는 무덤에 안장되었다. 이 아우구스투스의 대릉원Mausoleum of Augustus은 율리우스-클라우디우스 황가의 무덤으로 기원전 23년 마르켈루스를 시작으로 아우구스투스, 리비아, 아그리파, 드루수스, 게르마니쿠스, 대아그리피나, 티베리우스,

칼리굴라, 클라우디우스, 브리타니쿠스, 네르바 등이 묻혔다. 네르바 이후로는 더 이상 묻힌 사람이 없다.

아우구스투스가 세상을 떠나고 그의 유언장이 공개되었다. 유언장에는 양자 티베리우스와 황후 리비아에게 재산을 상속한다는 내용이 담겨 있었다. 티베리우스에게는 재산의 3분의 2를 상속하고, 아우구스투스라는 칭호를 물려주었다. 황후 리비아에게는 재산의 3분의 1을 상속하고, 아우구스타라는 칭호를 부여했다. 원래는 황제에게만 부여할 수 있는 칭호였으나 아내에게도 황제의 여성형인 아우구스타라는 칭호를 부여해준 것이다. 뿐만 아니라 로마 인민 전체에게 금화 40만 세스테르티우스를 유증하고, 자신의 씨족과 근위병, 보병대, 군단병 각각에게도 금화를 나누어주도록 했다.

그리고 마지막으로 자신의 딸 율리아와 손녀딸 율리아를 황가의 대릉원에 들이지 말 것을 명했다. 간통죄를 저질렀다는 이유에서였다. 아버지가 강행한 정략결혼에 극심한 스트레스를 받은 딸 율리아는 티베리우스와 결혼생활 도중 다른 남자와 간통죄를 범했다는 혐의를 받았다. 율리아는 나폴리 인근의 판다타리아 섬으로 추방되었다. 공교롭게도

로마에 있는 아우구스투스 대릉원 ⓒMumblerJamie

6년 뒤 손녀딸 율리아도 그곳으로 추방되었는데, 어머니와 마찬가지로 남자관계가 방탕한 이유였다고 전해진다.

아우구스투스의 시대는 이렇게 끝이 나고, 이제 티베리우스가 그 뒤를 이어 로마제국의 2대 황제로 등극하게 된다.

천천히 서둘러라, 평화를 위해

19세의 어린 나이에 갑작스레 카이사르의 후계자가 된 아우구스투스. 77세의 나이로 세상을 떠나기까지 그의 삶은 실로 파란만장했다. 그는 내전으로 인한 격동의 시기를 거치며 안개 속 정국을 헤쳐 나갔다.

그의 명언 중에 '대담한 장군보다 신중한 장군이 더 낫다'라는 말이 있다. 용감무쌍한 것이 전부는 아니라는 뜻일 것이다. 평소 그의 좌우명은 '천천히 서둘러라festina lente'라는 말이었다. 서로 모순인 이 표현을 우리식으로 풀이하자면 '급할수록 돌아가라' 정도일 것이다. 아우구스투스는 자신이 해야 할 일을 성실하게 꾸준히 한 단계 한 단계 이루어나갔다. 그는 비할 바 없이 많은 업적을 성공적으로 이루어냈다.

아우구스투스의 평화라고 불릴 만큼 그는 로마에 평화를 가져온 인물이며, 그것은 결국 팍스 로마나의 시작이 되었다. 로마 공화정 시대는 엄청난 내전기를 겪으며 피비린내 나는 전쟁이 반복되었다. 두 번의 삼두정치 역시 결국 전쟁으로 마무리되었다. 이러한 역사의 흐름 속에서 아우구스투스는 제2차 삼두정치의 최후의 승자로서 또다시 내전이 재현되지 않도록 자유와 평화를 위해 애쓴 탁월한 리더이자 군주였다.

Q 묻고

답하기 A

아우구스투스는 무질서와 혼란을 수습하고 팍스 로마나 시대를 열었다. 그런데 과연 한 사람의 탁월한 리더십만으로 그와 같은 평화로운 황금시대가 가능할 수 있었을까? 그렇지 않다면 어떤 요건들이 갖춰져야 가능할까?

아우구스투스는 그라쿠스 형제 개혁의 실패 후 로마에서 전개된 권력투쟁(마리우스와 술라, 폼페이우스와 카이사르)과 내전들을 통해 리더의 역량과 판단은 군사력이나 경제력만으로 판가름되지 않는다는 것을 잘 알고 있었다. 그는 전통의 요람인 원로원의 위상과 권위를 세워주면서 일인 지배 체제를 구축해갔고, 특히 아그리파나 마이케나스 등의 측근들을 잘 활용하면서 통치의 안정을 확보했다. 또한 '빵과 서커스' 정책으로 로마 인민의 지지를 확보했다. 이로써 아우구스투스의 통치는 '팍스 로마나'시대를 여는 출발점이 되었다.

카이사르가 이끈 제1차 삼두정치와 옥타비아누스(아우구스투스)가 이끈 제2차 삼두정치의 특징과 성패를 어떻게 비교할 수 있을까?

제1차, 2차 삼두정치는 카이사르나 옥타비아누스 모두 정치적 선배들과 손을 잡고 열세에 있던 자신의 역량을 키우는 시간을 벌기 위해 출범했으며, 시간이 가면서 결국 최후의 1인만 남게 되었다는 공통점이 있다. 다만 제1차 삼두정치가 3인의 사적 담합이었다면, 제2차 삼두정치는 카이사르 사후 국가 재건이라는 '명분'을 내걸고 통과된 티티우스 법을 바탕으로 출범했다는 점에서 차이가 있다.

3부

Diocletianus

디오클레티아누스,

위기에 빠진 로마제국을 구하다

누군가는 디오클레티아누스를 위기에 처한 3세기 로마 제국의 구원투수로 평가하고, 어떤 이들은 그리스도교를 탄압한 폭군으로 기록한다. 비천한 출신으로 황제 자리에까지 오른 그는 살아생전에 스스로 퇴위를 선언한 최초의 황제이기도 하다. 퇴위 후 그는 고향에서 채소를 키우며 노후를 보냈다. 혼란한 정국을 바로잡아야 하지 않겠느냐는 제의에 그는 채소를 키우며 사는 게 얼마나 좋은지 아느냐고 답했다.

제국의 구원투수로 등극한 노예 출신 황제

코모두스의 등극과 로마의 위기

로마를 만든 네 명의 리더 가운데 한 명인 디오클레티아누스Gaius Aurelius Valerius Diocletianus는 위기에 처한 로마제국을 구해 내고 로마의 새로운 시대를 연 황제다. 그런데 이러한 수식어들과 어울리지 않게 그의 출신은 아주 비천했다. 한마디로 개천에서 용이 된 경우라고 할 수 있다.

하지만 그는 신분을 뛰어넘어 결국 황제가 되었고, 역사에 길이 남을 위대한 업적을 이루었다. 그의 가장 뛰어난 업적 가운데 하나는 전제정 확립과 4제 통치 체제를 창안해 로마의 안정을 꾀했다는 점이다. 그리고 경제위기를 해결하기 위해 화폐와 재정을 개혁했다. 하지만 로마 전통 종

이스탄불 고고학 박물관에 있는 디오클레티아누스의 두상

교를 회복하는 과정에서 그리스도교를 탄압했다는 오점을 남기기도 했다.

2000년에 개봉했던 영화 〈글래디에이터〉를 기억할 것이다. 주인공 막시무스 장군을 자신의 후계자로 삼으려 했던 황제가 있다. 오현제 시대의 마지막 황제이며, 우리에게는 스토아 철학을 바탕으로 한 『명상록』으로 잘 알려져 있는 마르쿠스 아우렐리우스Marcus Aurelius Antoninus다.

그에게는 코모두스Lucius Aelius Aurelius Commodus라는 아들이 있었다. 이전까지의 황제들은 늦은 나이에 황제가 되었을 뿐 아니라 사실 제위를 물려줄 친아들이 거의 없었다. 그렇다 보니 양자를 두는 경우가 비일비재했는데, 그럼에도 순탄한 통치가 이어져 로마제국의 오현제 시대는 팍스 로마나의 전성기로 기록되었다.

다른 황제들과 달리 친아들이 있었던 아우렐리우스는 아들에게 어릴 때부터 황제 교육을 시켰다. 그는 코모두스가 19세 되던 해에 그에게 황위를 물려주었다. 그런데 아우렐리우스의 바람과 달리 아들 코모두스는 역사적으로 볼 때 통치를 제대로 하지 못한 황제로 기록된다.

19세에 황제가 된 코모두스는 황제로서의 자질이 매우

부족해 당시 로마가 처한 상황과 문제들을 제대로 파악하지도, 해결하지도 못했다. 주변에서는 황제에 대한 부정적인 평가가 쏟아졌다. 코모두스의 누나 루킬라는 동생이 황제로서 제 역할을 해내지 못하자 그를 제거하려는 음모를 계획했으나 실패했다. 근위대의 도움으로 암살 음모에서 벗어난 코모두스는 더 이상 주변 사람들을 신뢰하지 못하게 되었다. 그는 누나 루킬라를 추방했다. 특히 원로원에 대한 공포와 증오심이 매우 극심했다. 그러다 보니 잔혹한 코모두스로 기록될 만큼 많은 악행을 저질렀다.

그는 흑사병과 기근 등으로 로마가 위기에 처한 상황에서도 산재한 문제들을 해결하려는 노력은 접어둔 채 해방노예 출신인 클리안데르에게 국정을 위임하고는 검투사 경기, 들짐승 사냥 등을 즐겼다. 심지어 자신을 '로마의 헤라클레스'라고 칭하며 황제의 지위로 735회나 검투사 경기에 출전했을 정도다. 역사가들은 그를 노는 것 외에는 아무런 재능이 없는 황제였다고 기록한다. 결국 그는 근위대장의 음모로 살해당하고 만다.

이후로 여러 황제들이 즉위했다가 암살당하는 일들이 반복적으로 이어졌다. 페르티낙스 황제는 개혁을 성급하게 추진하다 86일 만에 근위대에 의해 암살되었고, 디디우스 율리아누스는 66일 만에 도나우 군단의 공격을 받고 살해되었다. 셉티미우스 세베루스 황제 때에 와서야 반복되던 불미스러운 일들이 다소 수습되었다.

아프리카 출신의 황제, 셉티미우스 세베루스

셉티미우스 세베루스Lucius Septimius Severus Pertinax는 북아프리카 출신 황제다. 로마 역사에서 황제는 아우구스투스로부터 시작해 로마 전통 귀족 가문 출신이거나 아니면 그러한 가문의 양자였다.

그러다가 2세기가 되면서 히스파니아 출신의 황제들이 등장하게 되는데, 특히 오현제 시대에는 대부분이 히스파니아 출신이었다. 3세기에 접어들면서 오현제 시대가 막을 내리고 로마가 매우 어려운 국면에 처했을 때 혜성처럼 나타난 황제가 있었는데, 바로 아프리카 출신의 황제 셉티미우스 세베루스다.

셉티미우스 세베루스는 오늘날의 리비아 지역인 북아프리카에서 태어났다. 로마 군대에서 장군으로서의 능력을 쌓아가던 그는 파르티아 전쟁에서 승리한다. 그가 대승

로마 광장에 있는 셉티미우스 세베루스 개선문 ⓒAlexander Z

을 거두자 원로원에서는 이를 기념해 로마 광장에 개선문을 세웠다. 로마 광장에는 세 개의 개선문이 있는데, 티투스 황제를 기리는 개선문과 콘스탄티누스 개선문, 그리고 마지막 하나가 셉티미우스 세베루스의 대승을 기린 개선문이다.

셉티미우스 세베루스는 '오직 군대만이 중요하다'는 생

각을 가지고 있던 인물이다. 정치적 혼란이 지속되다 보니 아무래도 국방을 중요시할 수밖에 없었다. 그는 군대를 기반으로 제국을 통치했는데, 그러다 보니 공화정의 전통을 존중하고 그 정신을 지켜온 로마 황제들과 달리 자연스럽게 원로원을 무시했다.

셉티미우스 세베루스는 사망 직전 카라칼라Caracalla와 게타Geta라는 두 형제에게 공동으로 제위를 물려주었다. 셉티미우스 세베루스는 이들에게 "서로 합심하고 병사들을 후대하라. 나머지는 다 무시해도 좋다"라는 유언을 남겼다. 그 정도로 그는 군대를 중시했다.

에드워드 기번은 『로마제국 쇠망사』에서 셉티미우스 세베루스를 "로마제국을 멸망시킨 장본인"이라고 비평했다. 그가 황제가 되면서부터 로마는 이미 망할 조짐을 보였다는 것이다. 군대를 중심으로 나라를 통치한다는 것은 일시적으로는 그 힘에 의해 많은 문제를 해결할 수 있을 것 같지만 실상은 언제 터질지 모르는 폭발물과 같은 위험성을 안고 있는 셈이다. 막강한 군사력이 뒷받침되면 정치를 잘할 수 있을 거라 생각하지만 황제의 군사력만이 유일하지 않다는 것이 문제다. 다른 장군들도 모두 군대를 거느리고 있기 때문이다. 강한 군사력만 있으면 언제든지 반란을 일으킬 소지가 있는 것이다.

역시 로마 정치는 힘만 가지고 되는 것은 아니었다. 그런 면에서 셉티미우스 세베루스 자신은 성공을 거두었을지 몰라도 후대의 황제들에게는 아주 나쁜 예를 보여주었다. 그의 두 아들은 공동으로 제위를 계승했는데, 카라칼라는 황제가 되자마자 어머니가 보는 앞에서 동생 게타를 살

로마의 카라칼라 목욕장 ⓒEthan Doyle White

해하고 권력을 독차지했다. 권력의 속성이 나누어가질 수 있는 것이 아니다 보니 천륜도 저버리는 일이 아무렇지 않게 자행되었다.

카라칼라는 로마 시민들로부터 쏟아진 '동생을 죽이고 황제가 되었다'는 비난에 휩싸였다. 그러자 그는 냉랭해진 로마 시민들의 마음을 돌려놓기 위해 대목욕장을 만들었다. 로마 남쪽에는 지금도 1600명이나 수용할 수 있는 대규모의 카라칼라 목욕장이 남아 있다. 황제로서의 권위를 보상받고자 신설한 목욕장이었다.

212년에는 로마 시민권을 제국 전체에 개방해 로마가 얼마나 대단한 포용 국가인지를 선전했다. 그러나 시작부터 무자비한 폭력으로 권력을 빼앗았던 것처럼 그의 잔인하고 무절제한 생활은 계속되었다. 에드워드 기번은 『로마제국 쇠망사』에서 "카라칼라야말로 인류 공동의 적이었다"라며 악평을 쏟아냈다. 그는 결국 217년 살해당해 아버지가 쌓은 공적을 유지하지 못했다.

디오클레티아누스의 꿈과 도전

폭력이 난무하고 형제가 살육을 서슴지 않았던 50년간의 군인 황제 시대에는 무려 18명의 황제가 바뀌었다. 즉위한 지 2년도 안 되어 황제가 교체되는 경우도 허다했다. 막강한 군대의 세력이 개입하면서 정치는 혼란에 빠졌다. 정치적 혼란뿐만 아니라 대규모 이민족의 침입이 이어졌다. 북쪽에서는 게르만족이 남하하며 압박해왔고, 동쪽에서는 페르시아인들이 침입해왔다.

디오클레티아누스는 이 불안정하고 혼란한 시기에 태어났다. 그는 244년, 지금의 크로아티아 솔린 지역인 달마티아 살로나에서 태어난 하층민 출신이었다. 원래 이름은 '신의 영광'이라는 뜻의 디오클레스Diocles였다. 이외에 그의 초기 생애에 대해서는 알려진 바가 없다. 그 당시로서는 비천한 신분이다 보니 그에 대한 기록이 전혀 없기 때문이다.

그의 조상은 원로원 의원 아눌리누스 집안의 노예였으며, 아버지는 노예에서 해방된 자유인libertus으로 서기를 지냈다고 전해진다. 당시 노예들 중에는 훌륭한 자질을 가진 사람들이 많았다. 다만 전쟁에 패했다거나 재산이 없어서 노예가 된 경우가 흔했다. 디오클레티아누스의 아버지도 그런 경우였다.

군인 황제 시기 중앙 무대에서 유년을 보낸 디오클레티

아누스는 군인들이 출세하는 모습과 과정을 많이 보아왔다. 특히 장군 같은 경우는 큰 공을 세우면 황제가 되기도 했다. 270년 이후로는 아우렐리아누스, 프로부스, 카루스 등 일리리아(오늘날의 크로아티아) 출신 황제들이 여럿 등장했다. 따라서 궁정에서 생활하던 디오클레티아누스는 발칸반도 출신 황제들의 인기를 보며 자연스럽게 군인이 되어 출세를 하겠노라는 꿈을 키웠을 것이다.

실제로 무명의 청년 디오클레티아누스는 어렵지 않게 출세 길에 오를 수 있었다. 후에 그와 함께 로마를 다스리게 될 막시미아누스 황제도 일리리아 출신이기도 하다. 히스파니아, 발칸반도, 아프리카 등에서 등장한 각각의 황제들이 로마를 통치하게 되었는데, 이것이 바로 로마제국의 힘이었다. 로마 본토 출신만이 황제 자리를 독점하는 것이 아니라 능력이 있다면 제국의 어디 출신이라도 황제가 될 수 있었던 것이다.

283년, 디오클레티아누스는 40세가 되던 해에 카루스 황제의 근위기병대장으로 발탁되어 많은 전공을 세우고 이후 콘술로 등극한다. 앞서도 말했지만 공화정 시대에 콘술은 최고 정무관이었다. 콘술이 된 것만으로도 그는 대단한 성공을 거둔 셈이다.

카루스 황제가 동방 원정 중에 전사하자 아들 누메리아누스가 황위를 승계했다. 그러나 그는 즉위 1년 만에 사망하고 만다.

284년, 디오클레티아누스는 황제 자리에 등극하게 된다. 근위기병대장 시절 병사들로부터 추앙받으며 많은 인기를 누렸던 그는 결국 병사들의 전폭적인 지지로 황제 자리에 오르게 되었다. 군인 황제 시대에는 대부분이 이와 같은 식으로 황제가 되었다. 디오클레티아누스 역시 직전 황제들의 재임 기간이 짧았던 덕에 군사적인 능력을 인정받아 황제가 될 수 있었다.

285년, 황제가 된 지 1년 만에 그는 이전까지 사용하던 이름 '디오클레스'를 우리가 보통 알고 있는 '디오클레티아누스'로 개명한다. 그런데 디오클레티아누스가 동방의 황제가 되고 보니 서방에는 사망한 카루스 황제의 다른 아들 카리누스가 통치를 하고 있었다. 두 명의 황제가 각기 동방과 서방을 통치하고 있는 상황이다 보니 결국 두 사람은 경합할 수밖에 없었다. 디오클레티아누스는 내전 중에 카리누스를 암살하고 자신이 최종 황제로 등극한다.

그는 사분오열된 군대와 그리고 페르시아와 게르만족의 압박 속에서 강력한 황제권을 구축해 로마제국의 정치적 안정을 꾀했다.

역사의 전환점, 개혁의 시대를 열다

도미나투스 시대

로마 역사는 왕정 시대, 공화정 시대, 제정 시대, 이렇게 크게 세 부분으로 나눌 수 있다. 그리고 제정 시대는 다시 원수정과 전제정으로 나뉜다. 우리가 앞서 중요하게 다룬 아우구스투스는 로마의 제정 시대를 연 황제다. 그는 황제였지만 원로원을 중시했고, 그리하여 무난하게 로마의 평화 시대를 열 수 있었다. 이때가 원수정 시대다.

3세기 로마는 혼란과 무질서의 군인 황제 시대를 겪게 된다. 284년에 디오클레티아누스가 등장하게 되는데, 그는 강력한 리더십을 가진 황제로서의 지위를 선언한다. 황제가 막강한 힘을 갖지 않으면 장군들의 권력 쟁탈로 인해 혼란과 무질서가 계속될 수밖에 없을 터였다. 이제 황제는 프린켑스가 아니라 '도미누스'라고 선언한 것이다. 도미누스dominus는 원래 노예가 주인을 부르는 칭호로 '주인님'이라는 의미를 갖고 있었다. 디오클레티아누스는 '내가 너희들의 주인이다'라는 의미로 도미누스라는 칭호를 사용함으로써 전제정(도미나투스, 도미누스의 체제)을 창시했다.

동방에서는 황제를 신격화하는 경향이 있었다. 황제가 죽으면 후임 황제가 전임 황제를 신격화하는 전통이 아우구스투스 시대에 이미 세워졌다. 카이사르가 죽고 난 뒤 아우구스투스가 양부 카이사르를 신격화했던 이야기를 기억할 것이다. 이제는 거기서 더 나아가 죽은 황제가 아니라 살아 있는 황제를 신격화하기에 이르렀다. 그래서 디오클레티아누스의 통치를 '도미나투스'라고 부른다. 절대적 전제 군주의 통치 시대가 열린 것이다.

이전까지는 황제를 원로원 의원과 똑같은 시민으로서 대우했다면, 이제부터는 황제를 만나려면 그에게 절을 하고 배알하는 예식을 갖춰야 했다. 이는 페르시아에서 전해진 예식으로 황제에게 절을 한 뒤 문안을 올리고, 그다음 보고를 한 뒤 그에 따른 황제의 명을 받는 절차였다. 디오클레티아누스는 이렇게 황제의 막강한 권위를 확립한 뒤 여러 가지 개혁 조치를 통해 로마가 안고 있는 현안들을 풀어나갔다.

원로원의 권위를 무시하다

디오클레티아누스의 도미나투스는 성공적이었다. 성공의 가장 중요한 이유이자 특징 중 하나가 원로원의 권위를 무시한 것이었다. 아우구스투스는 항상 원로원을 중요하게 생각했다. 원로원의 권위를 존중했고, 제위 계승 때는 특히 로마 원로원의 재가가 필요했다. 그러나 디오클레티아누스는 황제 자리에 오르면서도 아예 로마에 가지 않았다. 285년, 그는 소아시아의 니코메디아에서 황제 즉위식을 거행했다. 로마 원로원과 황제 디오클레티아누스는 엄청난 거리를 두고 살게 되었다.

290년, 디오클레티아누스는 전쟁에서의 승리를 기념하기 위해 축제를 열었는데, 로마에서 치르던 관례에서 벗어나 밀라노에서 전승 기념 축제를 열었다. 그러고는 로마에 있는 원로원들을 밀라노로 초치했다. 디오클레티아누스의 도미나투스 통치기에는 로마가 아닌 니코메디아나 밀라노 같은 도시들이 아주 중요한 지역으로 부상했다.

그는 원로원의 속주 통치권을 무시하고, 원로원의 입법권도 무시했다. 황제가 법을 제정해 모든 속주민들이 이를 지키도록 했다. 그러면서 그는 속주를 재정비했다. 50개였던 속주를 100개로 늘려 통치 체제를 강화했다. 하나의 속주가 너무 커지면 속주 총독이 자기 세력을 키울 수 있으므로 속주를 100개로 잘게 나누어 황제의 속주 장악력을 강화했던 것이다. 그동안 속주가 아니라 본국의 중심으로 특권을 유지해왔던 이탈리아도 16개의 속주로 나누어 기존 속주들과 동등한 조건으로 대우했다. 결국 이탈리아, 로마, 원로원 등의 전통적인 기관과 관례를 무시하고 도미나투스라는 새로운 통치 시대가 열린 것이다.

이탈리아의 중앙에 로마가 있다 보니 그동안 로마제국의 중심은 로마였다. 어떤 면에서는 그럴 수밖에 없었다. 로마를 중심으로 이탈리아 반도, 동부 지중해, 서부 지중해로 퍼져나갔기 때문이다. 그런데 디오클레티아누스는 오늘날 터키의 이즈미트인 니코메디아라는 도시에 궁전을 지어 이곳에서 로마제국을 통치했다. 로마는 계속 소외되고 있었다. 이것이 바로 디오클레티아누스가 로마 원로원

디오클레티아누스 개혁 이전에 발행한 금화 ⓒCNG

의 권위를 무시하며 자기만의 통치 질서를 재확립하는 방식이었다.

286년에 주조된 금화의 앞면에는 월계관을 쓰고 갑옷을 입은 디오클레티아누스의 얼굴이 새겨져 있고, 여기에 'IMP C C VAL DIOCLETIANVS P F AVG(임페라토르 카이사르 가이우스 발레리우스 디오클레티아누스 피우스 펠릭스 아우구스투스)'라는 로마 황제로서의 자신의 이름을 새겨 넣었다.

뒷면에는 유피테르 신의 모습을 새겨 넣었는데, 오른손에는 구형 물체 위 승리의 여신인 빅토리아를, 왼손에는 왕의 통치권을 상징하는 지팡이를 들고 있다. 그리고 여기에는 'IOVI CONSERVATORI ORBIS(세계의 수호자 유피테르에게)'라는 문구를 함께 새겨 넣었다. 이 금화는 디오클레티아누스 자신이 곧 유피테르의 현현이며, 로마 인민의 주인이라는 의미를 담고 있다. 그는 원수정의 정신을 완전히 뒤엎고 신격화된 황제의 강력한 통치권을 화폐에도 고스란히 담아 이를 정치 선전용으로 활용했다.

하지만 황제권을 강화하는 것만으로 대내외적인 문제들을 해결하기는 어려웠다. 특히 국경 지대 방어와 반란으로 이탈한 속주 통치 회복이 시급했다. 그리고 북동쪽의 게르만족과 동쪽의 파르티아를 방어하는 것도 문제였다. 결국 디오클레티아누스는 셉티미우스 세베루스로부터 시작된 전통적인 방식, 즉 군대를 강화할 수밖에 없었다. 군대를 강화해야만 자기의 체제와 국방을 안전하게 유지할 수 있기 때문이었다.

그는 군대 병력을 40만 명에서 50만 명으로 늘렸다. 군단의 수도 39개에서 65개로 증대했다. 그리고 군대를 둘로 나누어 국경수비군인 '리미타네이limitanei'와 기동야전군인 '코미타텐세스comitatenses'를 편성했다. 국경수비군은 항상 그 지역의 방어를 담당했고, 기동야전군은 반란 등 문제가 생긴 곳에 투입되어 사태를 수습하거나 군사력이 취약한 곳에 투입되어 힘을 보강하는 역할을 했다.

그리고 군사 시설과 궁정, 공공건물을 신설하여 국가의 위상을 제고했다. 또 이를 관리 감독하기 위해 많은 관료 체제를 구축했다. 디오클레티아누스는 이렇게 군대와 정부 행정기구를 강화해 황제권 체제를 유지했다.

4제 통치 체제 수립

디오클레티아누스는 군대 강화를 위해 개혁을 실시했지만 로마제국이 워낙 광범위하다 보니 황제 1인이 모든 것을 수습하기에는 버겁다는 생각이 들었다. 국방의 문제는 물론, 제위 계승을 둘러싼 권력 투쟁 문제도 해결해야 했다. 특히 게르만족의 침입과 갈리아에서의 반란, 그리고 페르시아의 침입 위협이 지속되고 있었다. 이를 막아내기 위해서는 자신과 함께 힘을 더해줄 사람이 필요했다.

디오클레티아누스는 공식적으로 통치자를 임명해 역할 분담을 하도록 했다. 먼저 막시미아누스Marcus Aurelius Valerius Maximianus를 양자 겸 부황제로 임명해 서북쪽에 파견했다. 그는 혼란을 수습하고 게르만족을 라인 강 북쪽으로 축출했다. 287년에는 막시미아누스를 서방 지역의 황제로 임명하고, 자신은 동방 지역을 통치하며 제국의 문제를 협의했다.

동쪽과 서쪽을 나누어 통치했음에도 로마제국 전체를 아우르기에는 두 사람만으로는 역부족이었다. 디오클레티아누스는 두 황제 밑에 각각 부황제를 한 명씩 두기로 했다. 그렇게 해서 동로마는 황제(칭호 아우구스투스) 디오클레티아누스와 부황제(칭호 카이사르) 갈레리우스Valerius Maximianus Galerius가, 서로마는 황제 막시미아누스와 부황제 콘스탄티우스Aurelius Valerius Constantius가 통치하게 되었다. 콘스탄티우스는 4부에서 다루게 될 황제 콘스탄티누스의 아버지다.

이렇게 해서 3세기 말 디오클레티아누스는 다음의 표와 같이 테트라키아tetrarchia, 즉 두 명의 황제와 두 명의 부황제가 통치하는 4제 통치 체제를 수립하게 된다. 디오클레티아누스는 동방을, 막시미아누스는 서방을 맡았지만 그렇다고 해서 두 아우구스투스의 권한이 동등한 것은 아니었다. 선임 황제는 디오클레티아누스였고, 주요 정책이나 입법은 디오클레티아누스의 주도 하에 니코메디아에 있는 그의 궁정에서 동료 황제인 막시미아누스와의 협의를 거쳐 결정되었다. 그리고 모든 공식적인 명령이나 칙법, 법령은 네 황제의 연대 서명으로 선포되어 전 제국에서 시행되었다. 화폐나 조각상 등에도 네 황제의 협력과 화합이 강조

행정 조직	서부 로마		동부 로마	
황제 칭호	부황제 (카이사르)	황 제 (아우구스투스)	부황제 (카이사르)	황제 (아우구스투스)
황제 이름	콘스탄티우스	막시미아누스	갈레리우스	디오클레티아누스
대관구(4개) *Praefectura*	갈리아 대관구	이탈리아 대관구	일리리쿰 대관구	오리엔스 대관구
대관구장 *Praefectus Praetorio* 관할 구역	(트리어, 독일) 라인 강 중류, 하류, 갈리아, 브리타니아	(밀라노, 이탈리아) 라인 강 상류, 도나우 강 상류	(시르미움,세르비아) 사베 강 유역의 시르 미움에서 도나우 강 중 류와 하류	(니코메디아, 터키) 마르마라해의 니코메 디아에서 제국 동부
관구(12개) *Dioecesis* *Vicarius*	비에넨시스, 갈리아, 브리타니아	이탈리아, 아프리카, 히스파니아이	트라키아, 모이시아, 판노니아	오리엔스, 폰티카, 아시아

4제 통치 체제

되었다.

가장 민감했던 황제 계승에는 원칙이 있었는데 두 아우구스투스가 임기가 끝나 은퇴하면 두 카이사르가 후임 아우구스투스로 승진하게 되고, 그들은 새로운 후임 카이사르를 임명한다는 것이었다. 군인 황제 시대의 정치적 갈등과 혼란을 생각하면 매우 합리적인 계승처럼 보였다. 제국 전역을 네 명의 황제가 지역별로 담당함으로써 국방력도 강화하고 동시에 정치적 혼란도 막을 수 있었기 때문이다.

이렇게 지역을 나누어 통치하자 일단 황제들 사이의 긴장감도 완화되고, 통치권이 정해져 있어서 각자 맡은 지역을 잘 관리하면 자신의 명성도 따라 올라갔다. 이 4제 통치 체제는 등장 당시에는 나름의 원칙이 잘 지켜져 당면한 문제를 해결하는 데에 아주 좋은 방식이었다.

행정 개혁

그러나 제국 통치의 정상화를 위해서는 4제 통치 체제를 원활히 지원할 수 있는 행정 조직의 재편과 보완이 필요했다. 공화정 때부터 팽창을 시작한 로마는 해외 정복지들에 대해서는 속주Provincia라는 이름으로 총독을 마련해 다스렸다. 총독은 군사, 사법, 행정, 재정에 대한 전권을 가지고 속주민들을 다스렸으므로 현지에서는 '황제'나 다름없었다.

로마의 속주 통치에서 제일 중요한 것은 치안 유지와 속주세 징수였는데, 이 과정에서 총독들이 속주민들의 재산을 부당하게 빼앗는 사례가 자주 발생해 문제가 되었다. 이는 로마의 통치권에 대한 속주민들의 불만과 조세 저항의 원인이 되었기 때문이다. 독직 총독들의 이러한 문제를 처

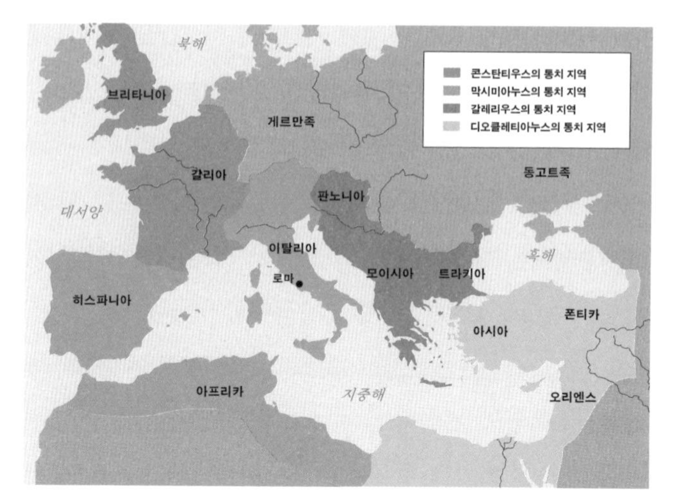

디오클레티아누스 치세 4제 통치 영역

리하기 위해 로마 원로원은 독직 총독으로부터 피해를 당한 속주민들이 부당하게 빼앗긴 재산의 반환 청구를 할 수 있는 법들을 제정해 운영했지만 '솜방망이' 처벌이 많았고, 속주민들의 권익 보호에는 한계가 있었다.

아우구스투스가 제정을 시작하면서 속주들은 원로원 속주와 황제 속주로 나뉘었다. 안정적인 속주들은 원로원이 관할하고, 치안 문제나 외침의 가능성이 많은 속주들은 황제가 대리인들을 총독으로 파견해 통치하는 이원 체제로 만든 것이다. 로마의 평화라는 슬로건에 걸맞게 1~2세기에는 속주세 징수와 관련해서도 속주민들은 공화정기에 비해 나은 대우를 받은 것으로 보인다.

그러나 여전히 방대한 규모의 속주들에서 '지역 황제'의 역할을 하는 총독의 권한은 막강했다. 게다가 3세기 군인 황제 시대가 전개되면서 로마의 제국 통치가 혼란에 빠졌고, 그로 인한 고통은 속주민들에게 전가되었다. 이에 디오클레티아누스는 속주 통치와 관련해 몇 가지 혁신적인 개혁 조치를 단행했다. 우선 원로원 속주와 황제 속주의 구분을 없애고 모든 속주를 황제의 관할권 밑으로 일원화했다.

다음으로 방대한 속주의 규모도 작은 단위로 분할해 속주의 수를 늘렸고, 이에 따라 총독들의 숫자도 증가하게 되었다. 그리고 속주 통치에서 중요한 변화는 이탈리아 역시 속주로 편입하여 제국 통치를 단순화시켰다는 것이다. 디오클레티아누스는 또한 업무의 효율성을 위해 군대가 주둔하는 속주의 경우에는 장군dux에게 군사 업무를 맡게 하고 총독은 행정, 사법 등 민간 업무에 전념하게 해 속주 행정의 전문화와 세분화를 꾀했다.

이제 네 명의 황제 아래 네 개의 대관구가 나뉘고, 다시

베네치아 성 마르코 성당 코너에 있는 네 황제상 ⓒNino Barbieri

대관구 밑에 각각 세 개씩의 관구dioceses들이, 그리고 관구들의 최하위 행정 단위로 속주들이 자리 잡게 되었다. 이로써 상위의 황제로부터 나온 명령이 하위의 속주에 이르기까지 일사분란하게 전달될 수 있었다.

베네치아에 있는 성 마르코 성당의 한 모퉁이에는 이 네 명의 황제가 서로 포옹하고 있는 석상이 있다. 이 석상은 원래 니코메디아 디오클레티아누스 궁전에 있던 네 명의 황제상이다. 그 뒤에 콘스탄티누스 황제가 콘스탄티노폴리스를 만들면서 그곳의 카피톨리움 신전(후에 필라델피아 신전으로 개칭)으로 가져갔다.

그런데 이 석상이 왜 베네치아의 한 성당에 와 있게 되었을까? 1204년 제4차 십자군 전쟁 당시 참전했던 베네치아군이 콘스탄티노폴리스를 공격해 그곳에 있던 많은 보물들을 약탈해 가져온 전리품 중 하나다. 그렇게 해서 이 귀중한 유물은 아무 상관도 없는 베네치아의 한 성당 모퉁이에 자리하게 되었다.

디오클레티아누스, 막시미아누스, 갈레리우스, 콘스탄티우스, 이 네 명의 통치자가 평화를 다짐하며 서로 포옹하고 있는 이 석상은 한때나마 4제 통치 체제가 제대로 운영되고 있었다는 것을 잘 보여주는 자료다.

화폐 개혁으로 제국 경제를 살리다

경제위기와 화폐 체제의 붕괴

정치와 행정 개혁을 통해 디오클레티아누스는 군인 황제 시대 때 로마가 처한 정치적 혼란을 어느 정도 수습했다. 그런데 이보다 더 심각한 3세기 위기의 본질은 경제 문제였다. 오늘날 우리 사회도 그렇듯이 경제가 바닥으로 떨어지면 아무리 군대가 강력해도 국가는 내부적으로 흔들리게 마련이고, 특히 대다수의 평범한 사람들에게 그 고통이 전가되는 것은 동서고금을 막론하고 일반적인 상황이다.

아우구스투스의 치세 아래 로마의 화폐는 금화 아우레우스, 은화 데나리우스, 동화 아스로 구성되었다. 지중해 세계에 '로마의 평화'가 도래하면서 로마의 화폐는 '1아우레우스'가 '25데나리우스', '1데나리우스'가 '16아스'로 거래되었다. 각 화폐의 가치가 엄격히 관리되었기 때문에 로마의 화폐는 한때 인도에까지 통용되는 국제 통상의 주요 수단으로 활용되었다.

그러나 3세기의 위기는 화폐의 유통 체계마저 무너뜨렸다. 경제위기의 근원에는 제정 초부터 누적되어온 인플레이션이 있었다. 3세기 초까지 완만하게 진행되어오던 인플레이션은 3세기 중엽 군인 황제 시대를 거치면서 거듭되는 외침과 빈번한 내전, 재정 지출의 급증, 생산 기반의 와해와 조세 수입의 감소로 인해 최악의 상태로 치달았다. 당시 주요 유통 수단이던 금화나 은화의 순도가 급격히 떨어졌고, 이로 인해 구매력도 약해지면서 경제 상황이 파탄에 이르게 된 것이다.

오늘날 우리가 사용하는 화폐는 명목화폐다. 명목화폐는 물건의 실질적 가치와는 관계없이 표시되어 있는 가격으로 통용되는 화폐를 말한다. 지폐나 은행권 등이 여기에 해당한다. 지폐에 5만 원이라고 표시되어 있으면 약속과 신뢰 하에 그것을 5만 원이라고 믿고 서로 유통하는 것이다.

하지만 고대의 화폐는 오늘날 우리가 사용하는 명목화

폐가 아니라 실질화폐였다. 지폐가 아니라 금·은·동으로 주조한 것에 가치를 상대화한 것이다. 가령 금의 무게에 따라 화폐 가격이 정해졌는데, 문제는 이 금·은·동이 얼마나 순수한가 하는 것이었다. 오늘날 금의 순도, 즉 금의 함량이 몇 퍼센트인지에 따라 24K, 14K로 구분되며 그에 따라 금의 가치가 달라지는 것과 같다.

화폐로서의 가치를 유지하려면 금이나 은의 순도를 일정하게 유지하는 것이 중요했는데 시간이 지나면서 금과 은의 공급량은 줄어들고 재정적 필요는 늘어났다. 그러자 금에 불순물을 섞어 순도를 떨어뜨려 악화를 발행하는 방식이 만연했다. 260년경에 이르면 제정 초부터 유지되어 온 금·은·동을 기반으로 한 화폐 체제가 사실상 붕괴되었고, 화폐의 질이 유지되지 않다 보니 상대적으로 물가가 비싸지는 것은 당연했다.

아우구스투스 때의 가격지수를 100으로 놓고 보았을 때 3세기 후반의 가격지수는 300에서 7000까지 급상승했다. 간단히 말해 100원 주고 살 수 있던 것을 7000원을 주고 사야 할 만큼 물가가 솟아올랐다는 뜻이다. 결국 이 '악성' 인플레이션을 잡는 것이 체제 안정의 관건이 되었고,

그 선결 조건으로 화폐 제도의 안정화가 필요했다.

화폐 개혁과 금본위제 확립

3세기 황제들이 화폐 주조를 남발하면서 화폐의 순도가 떨어지고 인플레이션이 심각해지자 로마 화폐의 신뢰도는 급격히 하락했다. 심지어 환전상들이 로마 화폐 사용을 거부하는 사태까지 생겨났고, 이는 로마제국 중심의 무역 질서 붕괴로 이어졌다. 디오클레티아누스는 이 심각한 경제 위기를 해결하기 위해 화폐의 신뢰도를 회복해야만 했다.

그는 286년부터 우선 새로운 금화를 발행하면서 화폐 개혁을 시작했다. 그러나 충분한 은을 확보하지 못해 은화는 294년까지 기존의 데나리우스를 그대로 유통시켰고, 4제 통치 체제를 수립한 뒤인 294년에 이르러서야 아르겐테우스라는 순도 92퍼센트의 은화를 발행했다. 그러나 여전히 은을 확보하기 어렵다 보니 함량이 3.7퍼센트밖에 되지 않는 라우레아투스라는 은화를 주조했다. 동화는 294년 이전에도 대량으로 발행되었고, 화폐 개혁 이후에도 대량으로 유통되었다.

결국 디오클레티아누스의 화폐 개혁은 높은 순도를 유

지하는 금화를 중심으로 전개되었다. 그는 카르타고나 다키아 또는 히스파니아 북부 같은 곳의 금광을 개발해 금의 공급량을 늘렸다. 286년에 이르러서는 파운드당 60개의 금화를 발행했다. 이처럼 명목가치와 실질가치를 비슷한 수준으로 맞춘 순도 높은 금화를 발행함으로써 그는 사실상 제국 전체를 단일 통화권으로 하는 '금본위제'를 정착시킬 수 있었다.

디오클레티아누스는 또한 속주에서도 화폐를 주조할 수 있도록 확대했다. 그리고 전 제국에 주조소를 설치했는데 동방의 안티오크, 시즈쿠스, 니코메디아, 테살로니카, 세르디카, 헤라클레아, 알렉산드리아, 시스키아, 그리고 서방의 로마, 카르타고, 아퀼레이아, 티키눔(파비아), 루그두눔(리옹), 론디니움(런던), 아르레테(아를르) 등이 그것이다. 이로써 지방의 주조나 화폐 제도의 지방화 현상을 해소하고 중앙에서 관리하는 통일된 주조 체계를 확립해 화폐가 원활하고 안정적으로 유통될 수 있도록 했다. 디오클레티아누스는 그렇게 함으로써 제국의 화폐 유통과 경제를 안정시킬 수 있었다.

화폐 개혁을 통해 디오클레티아누스는 금을 본위로 삼

고, 높은 순도를 유지케 함으로써 실질가치와 명목가치를 높인 반면, 은화와 은을 도금한 화폐, 그리고 청동 화폐의 경우에는 실질가치와 명목가치의 차이를 두는 일종의 신용 화폐 제도를 운영했다. 이처럼 화폐 공급의 안정화를 통해 금화·은화·동화로 구성된 3단계 화폐 체제를 재확립하려 했던 것이다.

이후 중세 유럽이나 비잔티움제국의 주화인 금화 솔리두스는 바로 이 디오클레티아누스 화폐 개혁의 결과물이다. 유로화를 사용하기 이전에 통용되던 이탈리아의 '솔도Soldo', 프랑스의 '수Sou'는 디오클레티아누스의 화폐 체제에서 유래한 긴 역사를 가지고 있다.

조세 개혁과 최고가격령

디오클레티아누스의 4제 통치 체제 구축과 군사, 행정 개혁은 국가 재정에 큰 부담을 주었다. 네 명의 황제가 거처할 황궁, 그를 보좌할 인적 자원, 그리고 대관구와 관구 조직들이 일사분란하게 돌아가도록 하려면 더 많은 행정관리들이 필요했다. 제국 전역의 주요 도시에서 화폐를 주조하는 일 역시 비용 부담이 컸다. 국가 운영을 위해 필요한 예산은 늘어났고, 이를 해결하기 위해서는 세금을 더 많이 거두어들이는 것 외에 다른 방법이 없었다. 디오클레티아누스는 화폐를 안정시킨 뒤 세제 개혁을 단행했다.

어느 시대에나 세금 문제는 매우 중요했다. 제정기에 로마 시민들은 직접세를 면제받았고, 국가 재정은 피정복민인 속주민이 일종의 공납금의 형태로 내는 세금, 즉 속주세로 충당되었다. 속주세로는 정규적으로 납부하는 토지세와 인두세가 있었고, 그 외에도 황제나 군대가 자기 지역을 지나갈 때 숙박, 접대, 역축 제공 등 각종 부담을 짊어져야 했다. 제정 초기에 로마 국가는 속주별 총액제로 조세를 징수했고, 속주 안에서의 징수 방법에 대해서는 별 관심을 기울이지 않았다. 따라서 지역의 관리들이 주민들에게 납부할 액수를 정해 거두어들였다.

3세기의 위기로 인해 제국의 행정력이 와해되면서 지역 관리들이 임의로 조세를 거두는 경향이 증대되었다. 화폐 가치가 떨어지면서 로마는 현물 중심의 징세를 선호했고, 외침으로 군사적 위협이 고조되거나 내전이 전개되면서 특히 변경 속주들의 재정적 부담이 증가했다. 이로써 지역별 조세 부담의 편차가 커지고 조세 징수 시 중요한 원칙인 형평성이 크게 훼손되면서 피해를 당한 속주민들의 불만이 고조되었다.

디오클레티아누스는 이를 근본적으로 해결하기 위해 제국 전체에 적용할 수 있는 과세 원칙으로 '카푸트-카피타티오'와 '유굼-유가티오' 제도를 도입했다.

카피타티오capitatio는 머리를 뜻하는 라틴어 카푸트caput에서 왔고, 남자 1인당 노동력에 부과하는 세금으로 개혁 이전에는 인두세의 성격이 강했다. 그러다 개혁 이후에 조세 산정의 기본 단위가 되었다. 또한 한 쌍의 소에게 씌우는 멍에를 뜻하는 유굼iugum은 공화정 시기부터 한 쌍의 소가 갈 수 있는 토지의 규모를 의미했으나 디오클레티아누스의 개혁 시기에는 일정 양의 소출을 내는 토지를 가리켰으며 조세 단위로 사용되었다.

5유게라의 포도원은 1유굼의 아노나를 내고 20유게라의 곡물 경작지는 1유굼의 아노나를 냈는데, 여기서 유굼은 일정한 소출을 낼 수 있는 토지나 과수의 단위이고, 그 단위가 1아노나를 낸다는 것을 알 수 있다. 1아노나는 병사 한 사람이 1년 동안 필요한 곡물의 양을 말한다. 이처럼 디오클레티아누스는 토지와 부동산은 유굼이라는 단위로,

생물체인 경우는 카푸트라는 단위를 적용해 세금을 부과함으로써 과세의 표준화를 통해 불공정을 해소하고자 했다. 이 제도가 실제로 어떻게 운영되었는지는 아직껏 밝혀진 바가 없다.

하지만 납세자들이 납부할 세금 액수를 정하기 위해 로마 국가는 먼저 다음 해에 필요한 예산이 얼마나 되는지를 계산해 1년 예산을 짜고, 그 액수를 카푸트와 유굼으로 나누어 납세자가 부담해야 할 세액을 정했다. 따라서 납세자는 미리 세액을 예상할 수 있었고, 이론상으로는 어느 정도 공평한 납세도 가능했다.

또한 디오클레티아누스는 면세 특권을 누리던 이탈리아를 속주 체제에 편입시켜 이탈리아 주민과 속주민의 차이를 없애고, 이탈리아를 다른 속주들과 같이 과세 대상으로 삼았다. 이탈리아와 다른 해외 속주들과의 차별을 없앰으로서 과세의 공평성과 제국 전체의 통일성, 그리고 단일성을 이루게 되었다.

디오클레티아누스는 이처럼 화폐, 재정, 세제 개혁을 단행해 경제의 안정을 꾀했지만 물가 상승과 인플레이션을 막지는 못했다. 특히 투기꾼이나 중간 상인들이 매점매석을 통해 물가를 올리고 부당 이득을 챙기면서 유통 질서를 어지럽히자 시민들은 황제에게 물가를 안정시켜 줄 것을 요청했다.

디오클레티아누스는 처음에는 상인들이 자발적으로 문제를 해결하도록 촉구했다. 그러나 별다른 진전이 없자 302년에 마침내 '최고가격령'이라는 강경한 조치를 발표하기에 이른다. 칙령의 서문에는 공공의 이익을 지키기 위해 군대가 파견된 곳곳에서 터무니없이 과도한 금액이 부여된 품목들을 사느라 급료와 기부금 대부분을 강탈당하고 있다는 한탄의 내용이 실려 있었다.

이를 바로잡기 위해 밀, 보리, 가금, 채소, 과일, 생선, 포도주에서부터 의류, 침구용 린넨, 잉크, 양피지, 그리고 기술자의 노임에 이르기까지 1000가지에 달하는 품목에 대한 최고 가격을 공포함으로써 생필품 가격이 지나치게 오르는 것을 막고, 투기꾼이나 부당 이득을 취하는 자를 사형에 처하도록 규정함으로써 유통 질서를 확립하려는 목적이었다. 이는 공정한 가격 관념을 통해 화폐 개혁의 실효성을 높이려는 것이었다.

하지만 이와 같은 제도는 생산을 위축시키고 암시장에

서 상품이 유통되는 등의 부작용을 낳기도 했다. 최고가격령은 점차 완화되다가 콘스탄티누스 황제 때 폐지되었다.

종교 탄압으로 완성한 절대 권력

로마의 정통성 확립과 황제권 강화

통치자에 대한 평가가 그렇듯이 디오클레티아누스에 대한 평가 역시 긍정적인 면과 함께 부정적인 면도 존재한다. 그를 부정적으로 평가하는 결정적인 문제는 바로 그리스도교 탄압이었다.

앞서도 이미 언급했듯이 디오클레티아누스는 자신을 유피테르의 대리자라고 주장하며 자신에게 신성성을 부여해 황제로서의 권위를 극대화하고자 했다. 로마의 옛 신앙과 도덕률을 회복하고 로마 전통 종교의 회복을 통해 황제권을 강화하고자 했던 것이다.

그런데 당시는 그리스도교가 지중해 전역에 점차 확산

되고 있는 상황이었다. 그리스도인들은 전통적인 로마 신숭배나 황제 숭배를 받아들이지 않았다. 잘 알다시피 그리스도교는 유일신 사상을 가지고 있기 때문에 하나님만을 경배하는 전통이 강했다. 그렇다 보니 로마 전통 종교와 번번이 충돌할 수밖에 없었다. 그리스도교의 이 같은 행보는 로마 황제들에게 있어서 매우 민감한 문제였으며 정치적으로도 심각한 사안이었다.

3세기 말 군인 황제 시대를 거치는 동안 제국 전체에 그리스도인의 비율이 10퍼센트 이상 되었고, 특히 동로마 지역에는 그 수가 더 많았다. 그리스도교가 예루살렘에서 시작된 만큼 그럴 수밖에 없었다.

특히 초기 그리스도교는 팔레스타인을 중심으로 시리아와 남쪽으로는 이집트 쪽에 신자가 많았다. 그러다가 그리스와 이탈리아까지 전파되긴 했지만, 디오클레티아누스가 통치하는 동로마, 즉 오리엔스 대관구에 그리스도인들의 수가 많아지게 되었다.

이러한 상황에서 로마 전통 종교를 회복해 정치적 안정을 꾀하려던 디오클레티아누스의 정책이 그리스도교의 교리와 충돌한 것은 예견된 일이었고, 이는 디오클레티아누스의 그리스도교 탄압으로 이어졌다. 그 발단은 299년 국가 제사를 드리는 도중에 일어났다.

제물의 내장을 검사하던 복점관들이 갑자기 디오클레티아누스에게 적대적인 기운이 감돌아 제사를 올릴 수 없다는 보고를 올렸다. 디오클레티아누스는 그 이유를 따져 물었다.

이유는 그리스도인들이 제사에 참여도 하지 않을뿐더러 제사 자체를 부정하고 있기 때문이라는 것이었다. 분노한 디오클레티아누스는 황궁의 모든 사람들에게 제사를 올리도록 하고, 거부하는 자들은 태형에 처할 것을 명령했다. 이때부터 그리스도인에 대한 본격적이고 체계적인 박해가 시작되었다.

그리스도교는 네로 시대를 시작으로 간헐적으로 박해를 받아왔는데, 그렇다고 해서 모든 황제들이 그리스도교를 박해했던 것은 아니었다. 로마의 종교가 워낙 다신교이다 보니 로마의 황제들은 사실 다른 민족의 종교에는 큰 관심을 두지 않았었다. 그러다가 로마의 전통 종교를 강화해 국가의 위기를 수습하려는 국가적 계획에 그리스도인들이 순순히 동참하지 않자 걸림돌로 여겨지기 시작한 것이다.

그리스도교 박해 칙령 선포

그리스도교에 대한 마지막 최대 박해령은 모두 네 차례에 걸쳐 이루어졌다. 303년에 발표된 1차 칙령은 그리스도교 교회 파괴, 신앙 서적 압수, 그리스도교 예배 금지, 그리고 그리스도인들의 법정에서의 기소권과 변호권을 제한하는 것이었다. 한마디로 법적 권익을 박탈하는 것이었다. 그렇잖아도 당시 공공연하게 예배를 드리는 것은 쉽지 않은 일이었다. 그리스도인들은 카타콤 같은 곳에서 몰래 예배를 드리곤 했는데, 이제 그조차도 할 수 없도록 금지시킨 것이다.

2차 칙령은 성직자 체포령이었다. 많은 성직자들을 체포해 그들을 취조하고, '그리스도교를 배교하겠다'라고 말한 자들은 살려주고 그렇지 않은 자들은 처형하는 방식이었다.

3차 칙령은 국가의 신들에게 제사를 올리겠다는 그리스도인은 석방하고 거부하는 자는 사형에 처한다는 내용이었다. 3차 칙령으로 더 많은 그리스도인들이 피해를 입었다.

즉위 20주년을 기념해 로마를 방문하고 동방으로 돌아온 뒤 중병에 걸린 디오클레티아누스는 304년에는 모든 그리스도인에게 관습적인 제사를 요구하며 이를 거부하면 사형이나 중노동형에 처한다는 마지막 칙령을 공표했다.

1차부터 4차까지의 칙령을 발표했으나 1차 칙령을 제외하고는 사실 로마제국 전체에 이 칙령이 적용된 것은 아니다. 오히려 동부 지역에서는 갈레리우스와 막시미아누스가 훨씬 더 강력하게 그리스도인들을 박해했다.

초기 그리스도교는 디오클레티아누스의 박해로 인해 많은 순교자들이 생겨났고, 동시에 많은 배교자들도 생겨났다. 아무리 주교나 사제라고 해도 자신의 목숨을 내놓으면서까지 신앙을 지킨다는 것은 쉽지 않은 일이었을 테고, 죽음의 기로에서 당연히 갈등할 수밖에 없었을 것이다.

그럼에도 디오클레티아누스는 로마의 전통 종교를 회복하고 이로써 황제권을 강화하기 위해서는 그리스도교를 상대로 한 탄압을 지속할 수밖에 없었다. 로마의 가치는 바로 전통 종교를 기반으로 한다고 굳게 믿었기 때문이다.

디오클레티아누스 연호와 그리스도교 박해의 실상

로마 제정 시대에는 황제의 즉위 연도를 기준으로 연호를 쓰는 경우가 많았다. 신약성서 『누가복음』 3장 1절에는 "디베료 가이사가 위에 있은 지 열다섯 해…"라며 세례 요한의 활동을 기록하고 있다. 제정 후기에 개혁과 업적이 많았던 디오클티아누스가 즉위한 해인 284년을 시작으로 하는 디오클레티아누스 연호Anno Diocletiani는 그 뒤에도 여러 저자들의 글에서 계속 사용되는 경향이 있었다.

그런데 그의 그리스도교 탄압이 워낙 큰 사건이고 많은 순교자들과 배교자들을 양산했기에 그리스도교가 국교가 된 뒤에는 디오클레티아누스 연호를 '순교자의 해'라는 뜻의 'Anno Martyrum'으로 변용해 약자로 'AM'으로 표기했다. 여기서 'AM 1년'은 디오클레티아누스가 즉위한 284년을, 'AM 2년'은 그다음 해인 285년을 뜻한다.

그러다가 6세기에 디오니시우스 엑시구스Dionysius Exiguus라는 로마 가톨릭 주교가 순교자들의 정신을 기리는 것도 좋지만 그보다 역사를 가르는 대사건인 예수의 탄생을 기준으로 하는 연호로 사용할 것을 주장했다. 여기서 예수 탄생 이후를 A.D.Anno Domini(주님, 즉 예수가 태어난 해)로, 그리고 예수 탄생 이전을 B.C.Before Christ(그리스도 이전)로 하는 그리스도교 연호가 나왔다.

예수의 탄생 연대에 대해서는 논란이 있지만 문자적으로 'AD 1년'은 '예수 탄생 1년째 되는 해'라는 뜻이며, 'AD 2021년'는 '예수 탄생 2021년 되는 해'라는 뜻이다. 이 서

력기원, 즉 서기는 오늘날 전 세계가 공통으로 사용하는 연호다.

이처럼 디오클레티아누스 연호 대신 AD 연호가 사용되면서 서양 역사에서는 정치 군사 개혁이나 경제 개혁으로 3세기 제국의 위기를 수습한 디오클레티아누스의 업적은 과소평가되고, 그리스도교 탄압에 대한 부정적인 평가가 훨씬 더 부각되기도 했다.

하지만 18세기 말에 『로마제국 쇠망사』를 쓴 에드워드 기번은 그리스도교 박해에 대해 교회 측에서 과장한 면이 없지 않다고 주장한다. 디오클레티아누스의 박해가 계속된 것도 아니며 지역에 따라 그 양상도 다양했다는 것이다. 에드워드 기번은 또한 디오클레티아누스의 10년 박해 동안 처형된 주교는 아홉 명이며, 총 2000여 명 정도가 순교했다며 박해의 실상이 과장되어서는 안 된다고 말한다.

이로 인해 전통적인 교회의 주장을 저평가하고 순교자들의 정신을 훼손하고 폄훼하는 행위라는 이유로 에드워드 기번의 책은 한때 영국 국교회의 금서 목록에 오르기도 했다.

스스로 퇴위를 선언한 로마제국의 구원투수

디오클레티아누스는 305년 5월 1일, 61세의 나이에 니코메디아에서 퇴위를 선언했다. 자신이 늙고 병들었다는 이유에서였다. 그는 285년 즉위해 305년 퇴위까지 20년을 통치했다.

두 명의 아우구스투스와 두 명의 카이사르를 두어 동로마와 서로마를 나누어 통치하는 4제 통치 체제를 유지해오던 상황에서 디오클레티아누스는 스스로 황제 자리에서 물러난 것이다. 흥미로운 것은 이전까지 황제가 죽음을 맞이하기 전에 퇴위한 사례는 한 번도 없었다는 점이다. 이때까지 그리고 그 이후에도 황제는 죽어야만 끝이 나는 종신직이었다. 디오클레티아누스는 막강한 권력을 구축해놓고 즉위 21년째 되던 해에 퇴위를 선언하는 특별한 사례를 남겼다.

디오클레티아누스는 약속대로 황제 자리에서 물러나면서 콘스탄티우스와 갈레리우스를 동부 로마와 서부 로마의 아우구스투스로 지명했다. 그러자 친구이자 서로마를 통치하던 황제 막시미아누스로서는 불만을 가질 수밖에 없었다. 황제 자리에서 물러나려거든 자신만 물러나면 되지 왜 자신까지 자리에서 끌어내려야 하느냐는 것이었다.

울며 겨자 먹기로 황제 자리를 내어주고 이탈리아 남쪽으로 내려와 있던 막시미아누스는 때가 오기만을 기다리며 복귀에 대한 야심을 불태웠다. 하지만 그는 끝내 뜻을 이루지 못한 채 내전에 끼어들었다가 결국 자살로 생을 마감했다.

퇴위한 디오클레티아누스는 어떻게 되었을까? 그는 고향 스트라툼, 즉 오늘날 크로아티아의 스플리트에 세운 궁전에서 6년을 살았다. 그는 그곳에서 채소도 가꾸며 편안한 노후를 보냈다.

디오클레티아누스와 막시미아누스의 뒤를 이어 황제가 된 콘스탄티우스와 갈레리우스가 서로 다투는 일이 많아지자 막시미아누스가 디오클레티아누스를 찾아갔다. 그러고는 아무래도 우리가 다시 돌아가 이 혼란한 상황을 수습해야 하지 않겠느냐고 제안했다. 디오클레티아누스는 "채소를 키우며 살아보게. 이게 얼마나 좋은지 아는가?"라고 말하며 막시미아누스를 돌려보냈다. 스플리트에는 지금도 당시 지었던 궁전의 일부가 남아 있다.

그에 대한 평가는 앞서도 잠시 언급했듯이 그리스도교를 상대로 한 마지막 대박해로 인해 폭군의 이미지가 강하

디오클레티아누스가 은퇴 후 여생을 보낸 궁전 복원도

디오클레티아누스 궁정 유적의 현재 모습 ⓒBallota

게 작용한다. 하지만 그는 분명 화폐와 조세, 군대 등 여러 개혁을 단행한 뛰어난 업적도 가지고 있다. 군인이나 소비자는 그가 이루어낸 이러한 여러 개혁의 수혜자다. 그러나 상인이나 제조업자는 어떤 면에서는 디오클레티아누스의 개혁으로 많은 피해를 입기도 했다.

중요한 것은 그는 20년간의 치세 동안 3세기 로마에 닥친 위기를 수습한 황제라는 점이다. 디오클레티아누스는 20년간의 치세를 통해 300여 년 유지된 원수정을 마감하고 로마를 강력한 전제정과 관료제를 기반으로 한 절대 군사 군주정으로 이행시켰다. 장기적으로 볼 때 3세기 로마의 위기를 수습한 황제인 것만은 분명하다.

이후로 서로마제국은 200여 년, 동로마제국은 1000년 이상 유지되었다. 3세기 위기의 시대에는 황제가 채 2년도 자리를 보전하지 못했다. 그럼에도 이렇게 유지될 수 있었던 것은 바로 디오클레티아누스의 개혁이 나름의 성과를 거두었기 때문이다. 그래서 어떤 사람은 그를 '로마제국의 구원투수'라고 평가한다.

하지만 디오클레티아누스가 중요하게 여기던 4제 통치 체제나 반그리스도교 정책은 곧이어 등장하는 콘스탄티누스 황제에 의해 모두 폐지되고 경제 구조만 겨우 유지되었다. 로마는 점차 디오클레티아누스가 원하지 않던 방향으로 흘러갔다. 이제 로마는 콘스탄티누스가 통치하는 새로운 시대를 맞이하고 있었다.

Q 묻고

답하기 A

디오클레티아누스의 손꼽히는 업적 중 하나는 두 명의 황제와 두 명의 부황제가 통치하는 4제 통치 체제를 수립해 로마의 안정을 꾀했다는 점이다. 그러나 화폐와 조세 등의 경제 개혁에도 불구하고 3세기 로마는 심각한 경제위기 상황을 피하지 못했다. 그 근본적인 원인은 무엇이었을까?

디오클레티아누스의 4제 통치와 행정 개혁, 군대 개혁, 화폐 개혁, 조세 개혁은 군단과 관료수 증가,

네 개의 수도와 궁정을 유지하기 위한 대대적인 토목 건축 공사 등으로 엄청난 재정 부담을 초래했다. 조세 개혁을 통해 세수 증가를 달성할 수 있었지만 늘어난 재정 부담을 감당하기에는 역부족이었다.

디오클레티아누스는 여러 업적이 있음에도 불구하고 로마 전통 종교를 회복하는 과정에서 그리스도교를 탄압했다는 오점을 남긴 인물이기도 하다. 그가 그리스도교를 탄압한 핵심적인 이유는 무엇이었을까?

디오클레티아누스는 강력한 전제 정치를 구축한 황제로서 로마의 전통 종교와 도덕률을 회복시켜 3세기의 위기를 극복하려 했다. 그는 유피테르의 대리자를 자처하면서 황제 숭배를 강화했다. 그러나 유일신 사상에 기초한 그리스도교는 등장할 때부터 황제 숭배나 국가의 신들에 대한 제사를 거부했기 때문에 로마의 전통 종교나 시민 도덕성을 해친다고 판단했다. 따라서 디오클레티아누스는 모든 시민들에게 국가의 신들에 대한 제사 참여를 의무화 하고 이에 불응하는 자들은 사형에 처하는 강력한 조치를 취한 것이다.

4부

Constantinus I

콘스탄티누스, 종교의 자유를 선포하다

어떤 역사가는 콘스탄티누스를 '만사를 바꾸고 뒤집어 놓은 사람'이라고 평가한다. 로마의 전통 종교를 무시하고 그리스도교화를 정책으로 삼았다는 부정적인 해석이다. 하지만 콘스탄티누스는 로마제국을 하나로 통일시켰고, 밀라노 칙령과 니케아 공의회를 통해 그리스도교를 로마의 종교로 공인했으며, 새로운 수도 콘스탄티노폴리스를 건설했다. 로마제국의 그리스도교 국가로의 출범은 이후 서양 중세의 그리스도교 천 년의 정체성을 확립하는 토대가 되었다. 이 모든 것이 만사를 바꾸고 뒤집어 놓았기에 가능한 일이었다.

둘로 나뉜 제국에서 서부의 지배자가 되다

아버지의 죽음이 남긴 새로운 기회

로마를 만든 4인의 리더 가운데 마지막으로 소개할 인물은 콘스탄티누스Flavius Valerius Aurelius Constantinus 황제다. 콘스탄티누스 대제 혹은 콘스탄티누스 1세라고도 불린다. 306-337년까지 그가 재위할 당시 로마제국은 전성기라고 할 수 있을 만큼 많은 영토를 차지하고 통치했다.

아버지 콘스탄티우스는 3부에서 다룬 디오클레티아누스의 4제 통치 체제 때 갈리아와 브리타니아를 통치하던 카이사르(부황제)였다. 하지만 어머니 헬레나는 신분이 높지 않았으나 콘스탄티우스가 젊은 장군이던 시절 헬레나와 사랑에 빠졌고, 272년경 둘 사이에서 아들 콘스탄티누

콘스탄티누스 기마상으로 오해받아 보존되었던, 로마 캄피돌리오 광장에 있는 마르쿠스 아우렐리우스 기마상

스가 태어났다.

그러나 콘스탄티우스는 289년에 서부 로마제국 황제 막시미아누스의 딸 테오도라Flavia Maximiana Theodora와 결혼을 감행한다. 아우구스투스(황제)인 막시미아누스가 장인이 되고 카이사르인 콘스탄티우스가 사위가 된 이 조합은 완전한 정략결혼이었다. 이 결혼으로 인해 콘스탄티누스의 어머니 헬레나는 아들을 낳았음에도 정식 부인으로서의 지위를 갖지 못했다.

이때부터 콘스탄티누스는 어머니와 떨어져 니코메디아

의 디오클레티아누스 궁전에서 지내게 된다. 게다가 아버지 콘스탄티우스는 서부 로마제국의 부황제였기에 멀리 갈리아의 트레베르(독일의 트리어)라는 곳에 머물고 있던 터라 어린 콘스탄티누스는 의지할 곳이 없었다.

콘스탄티누스가 니코메디아의 디오클레티아누스 궁전에서 지내게 된 데에는 정치적 계산이 깔려 있었다. 아무리 정략결혼을 했다 하더라도 콘스탄티우스가 혹시라도 반역을 하게 될 경우를 대비해 그의 어린 아들인 콘스탄티누스를 볼모로 데리고 있었던 것이다. 권력이라는 것이 늘 그렇듯 언제든 어제의 친구가 오늘의 적이 될 수도 있기 때문이다. 이러한 정치적 환경에 놓이다 보니 콘스탄티누스는 디오클레티아누스의 궁정에서 우울한 나날을 보냈다.

아버지 콘스탄티우스는 293년부터 305년까지 서로마 지역을 통치하던 막시미아누스 황제 밑에서 부황제를 지냈다. 305년은 3부에서 이야기했던 것처럼 디오클레티아누스가 즉위 21년 만에 스스로 퇴위를 선언하고 황제 자리에서 물러난 해다. 그러면서 서방의 막시미아누스도 울며 겨자 먹기로 동반 퇴진할 수밖에 없었다.

수순대로 콘스탄티우스가 막시미아누스의 후임으로 서

부 로마제국의 황제가 되었고, 동부 로마제국에서는 디오클레티아누스 밑에 있던 갈레리우스가 황제가 되었다. 이렇게 해서 콘스탄티우스와 갈레리우스라는 두 황제의 통치 시대가 열렸다.

그런데 디오클레티아누스 때도 그랬던 것처럼 같은 황제였지만 갈레리우스가 콘스탄티우스에 비해 상대적으로 지위가 높았다. 한마디로 서방에 비해 동방의 황제들이 실세였던 것이다. 그러한 면에서는 갈레리우스가 디오클레티아누스의 권위를 계승했다고 볼 수 있다. 콘스탄티누스는 이제 갈레리우스의 볼모가 되었다. 디오클레티아누스는 퇴위 후 고향 스트라툼으로 떠난 뒤였고, 이제 동부 로마제국의 황제가 된 갈레리우스가 니코메디아의 궁전을 차지하고 있었다.

그러자 서부 로마제국의 황제가 된 콘스탄티우스는 갈레리우스에게 아들 콘스탄티누스를 자신이 있는 곳으로 보내달라고 요청한다. 장성했으니 군사 훈련을 받아야 한다는 이유에서였다. 그렇게 해서 305년경 33세의 콘스탄티누스는 아버지 곁으로 가게 된다. 하지만 콘스탄티우스는 서부 로마제국의 황제가 된 지 1년 만에 요크에서 전사한다.

콘스탄티우스의 급작스런 죽음으로 서부 로마제국 황제 자리는 공석인 상태가 되었다. 콘스탄티누스는 군대를 발판 삼아 공석이 된 아버지 콘스탄티우스의 자리를 계승하게 된다. 당연히 그 과정은 순조롭지 못했다. 다른 황제 후보들이 이를 순순히 수용할 리 없었기 때문이다.

성녀가 된 콘스탄티누스의 어머니 헬레나

남편 콘스탄티우스와의 이혼으로 어려운 시간을 보내던 헬레나는 아들 콘스탄티누스가 황제가 되면서 모후의 지위를 갖게 되었다. 312년 즈음 헬레나는 그리스도교로 개종하고, 황제가 된 아들 콘스탄티누스의 밀라노 칙령을 포함해 그의 친그리스도교 정책을 적극적으로 지원했다.

헬레나는 326년에 시리아 팔레스티나와 예루살렘을 방문하게 되었는데, 그곳에서 예수의 무덤과 예수를 매달았던 십자가, 그리고 예수가 십자가에 못 박힐 때 사용된 못을 발견한다. 그리고 예수가 묻혔던 자리에 교회를 건축하게 했는데, 그것이 오늘날 성묘 교회Church of the Holy Sepulchre의 기원이다.

헬레나는 그곳에서 발견한 성 십자가 일부와 못, 그리고 예수가 빌라도에게 재판받기 위해 올라갔던 계단을 로마로 가져왔다.

28개의 흰 대리석으로 이루어진 이 계단은 오늘날 '성 계단'이라는 뜻의 '스칼라 상타Scala Sancta'라는 이름으로 불리며 로마의 라테라노 대성당 옆에 보존되어 있다. 신심이 깊은 가톨릭 신자들은 이 계단을 무릎으로 오르며 예수의 수난을 되새긴다. 마르틴 루터 역시 종교 개혁 직전 로마에 왔을 당시 이 계단을 올랐다고 한다. 어쩌면 종교 개혁자로서 정말 구원받을 수 있는 행위인지 확인하고 싶었을지도 모른다.

어떤 면에서 헬레나는 처음으로 로마 교회의 성 유물을 경배하는 전통을 세운 인물이라고 할 수 있다. 로마 가톨릭 교회에서는 신앙의 훌륭한 모범이 되는 사람을 '성인聖人'으로 칭하는데, 헬레나는 이러한 성인으로 추대되어 우리에게 익숙한 '성녀 헬레나Saint Helena'로 불리게 되었다. 바티칸에 있는 성 베드로 대성당에는 헬레나의 조각상과 무덤이 있는데, 이는 그녀가 가톨릭교회사에서 그만큼 중요한 역할을 했다는 것을 의미한다.

로마 성 계단 교회 내의 28개의 '스칼라 상타' ⓒDguendel

성 베드로 대성당에 있는 성녀 헬레나의 무덤

콘스탄티누스 1세의 등장과 밀비우스 다리 전투

콘스탄티우스가 서부 로마제국의 새로운 황제로 등극하자 이전 황제였던 막시미아누스와의 내전이 불가피했다. 그러나 306년 7월, 아버지 콘스탄티우스가 아우구스투스가 된 지 1년 만에 에보라쿰(요크)에서 전사하는 일이 벌어지고, 콘스탄티누스는 아버지의 뒤를 이어 군대에 의해 아우구스투스로 추대된다.

예상하다시피 그 과정은 순탄치 않았다. 헤라클레스의 후손을 자처하는 막시미아누스의 아들 막센티우스Marcus Aurelius Valerius Maxentius의 반발이 만만치 않았기 때문이다. 콘스탄티우스와 막시미아누스와의 내전은 이후 두 사람의 아들들인 콘스탄티누스와 막센티우스의 내전으로 확대되었다.

원수가 외나무다리에서 만나듯 콘스탄티누스 군대와 막센티우스 군대는 로마 북쪽 밀비우스 다리Pons Milvius에서 충돌했고, 혈투를 펼친 끝에 콘스탄티누스 군대가 승리를 거두었다. 티베리스강을 가로지르는 밀비우스 다리는 로마 북쪽으로 약 5.8킬로미터 지점에 있다.

밀비우스 다리 전투와 관련해서는 두 가지 교회사의 자료가 전해지는데, 그중 하나는 호교론자이자 신학자였던

로마에 있는 밀비우스 다리의 현재 모습 ©Anthony Majanlahti

락탄티우스Caecilius Firmianus Lactantius의 것이고, 다른 하나는 『교회사』의 저자 에우세비오스Eusebios Caesarea의 것이다.

락탄티우스는 『박해자들의 죽음들』에서 밀비우스 전투를 앞둔 전날 밤 콘스탄티누스가 꿈에서 스타우로그램staurogram(가로선이 교차하고 그 끝이 둥그렇게 말린 I자) 문양을 방패에 새기라는 음성을 들었다고 전한다. 그는 꿈에서의 지시대로 실제로 병사들의 방패에 그 문양을 새기게 했다. 그런데 놀랍게도 목조로 만든 밀비우스 다리가 무너졌고 엄청난 규모의 막센티우스 군대가 모두 강물에 빠지는 믿기지 않는 상황이 펼쳐졌다. 락탄티우스는 결국 하나님의 손길이 미쳐 막센티우스의 군대가 수장됨으로써 콘스탄티누

라파엘로와 제자들의 〈밀비우스 다리 전투〉(1520)

스 군대가 승리한 것이라고 기록했다.

에우세비오스는 황제에게 들은 이야기라며 락탄티우스와는 조금 다른 내용을 전한다. 콘스탄티누스는 군세를 맹신하기보다 하나님을 모셔야 한다고 느꼈다. 그리스도에게 오른손을 뻗어 자신의 난관을 도와달라고 간구했다. 기도하는 동안 하늘에서 경이로운 표지가 나타났다. 태양

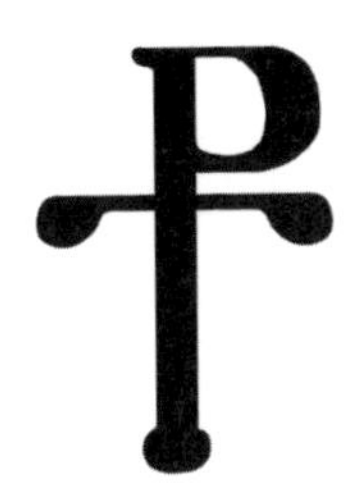

스타우로그램

위로 뻗은 빛의 십자가와 함께 "이 표시로 네가 이기리라 ἐν τούτῳ νίκα"라는 헬라스어 문자가 나타났다. 이 기이한 현상을 황제뿐만 아니라 그의 군대 전체가 보았다는 것이다. 콘스탄티누스는 그리스도의 환상이 알려준 표장을 투구와 방패에 표시하도록 했다. 그러자 티베리스강에 나무로 만들어놓은 밀비우스 다리가 무너졌고, 엄청난 규모의 막센티우스 군대는 강물에 휩쓸려 죽음으로써 결국 콘스탄티누스 군대는 승리했다. 그리고 이 승리는 하나님의 도움이 있었기에 가능했던 일이라는 것이었다.

이 십자가 모양의 표장은 라틴어로 라바룸Labarum이라고 하며, 이는 그리스도교의 상징이 되었다. 라바룸은 영

라바룸

어 알파벳 X와 P를 교차해 만든 기호처럼 보이지만 그리스어 알파벳 X(키)와 P(로)를 겹쳐놓은 것으로, 이는 곧 그리스도Χριστός의 처음 두 음절의 조합이다. 그리스어의 X는 라틴어 Ch의 음가를, P는 R의 음가를 가지고 있다. 그러므로 라바룸을 라틴 알파벳 음가대로 옮기면 CHR이 되어 'Chr(istus)', 즉 그리스도의 앞 두 글자가 된다.

서로 조금 다른 부분이 있긴 하지만 두 이야기의 공통점은 막센티우스 군대는 그 규모가 엄청났음에도 목조로 만든 밀비우스 다리가 무너져 강물에 수장되었고, 그로 인해 이 전투는 결국 콘스탄티누스 군대의 대승으로 끝이 났으며, 그 승리는 그리스도의 도움이라는 것이다. 이는 마치 이스라엘 민족이 이집트를 탈출해 약속의 땅으로 가던 중 그들의 신 여호와가 홍해를 갈라 이집트의 파라오 군대가 수장되었다는 사건을 떠오르게 한다. 락탄티우스나 에우세비오스는 이를 두고 콘스탄티누스의 승리는 하나님의 은혜라고 선전했다.

막센티우스가 밀비우스 다리 전투에서 사망한 뒤 그가 로마를 통치하면서 행했던 모든 조치들은 다 무효가 되었고, 콘스탄티누스는 서부 로마제국의 황제로 당당히 선포되었다. 315년, 로마 원로원은 콘스탄티누스의 밀비우스 다리 전투에서의 대승을 기념하기 위해 로마 광장에 개선문을 세웠다. 이 개선문은 티투스 개선문, 셉티미우스 세베루스 개선문과 함께 오늘날까지 온전하게 보존되어 있다. 콘스탄티누스 개선문에는 라틴어로 다음과 같은 내용의

로마의 콘스탄티누스 개선문 ⓒCCCP

개선문의 라틴어 명문 ⓒFlazaza

글이 쓰여 있다.

> 임페라토르 카이사르 플라비우스 콘스탄티누스, 경건하고 복 받은 황제께 신의 영감과 그분의 높은 기백으로 군대를 이끌어 정의로운 힘으로 참주(막센티우스)와 그의 모든 당파로부터 국가를 구하셨기에 원로원과 로마 인민은 승리로 장식된 이 개선문을 헌정합니다.

최초로 그리스도교를 받아들인 콘스탄티누스는 서부 로마제국의 단일 지배자가 되었고, 이는 그리스도교가 성장하는 데에 중요한 기점이 되었다.

밀라노 칙령, 그리스도교 국가로 나아가다

갈레리우스의 관용령

밀비우스 다리 전투에서 막센티우스 군대를 상대로 대승을 거둔 콘스탄티누스는 로마의 진정한 통치자가 되었다. 그리고 그는 친그리스도교 정책을 하나하나 추진해나가기 시작했다. 그중 가장 먼저 시행한 정책은 그 유명한 밀라노 칙령 반포다.

사실 밀라노 칙령은 콘스탄티누스가 혼자 만든 것이 아니다. 서부 로마제국의 황제인 콘스탄티누스와 당시 동부 로마제국의 황제였던 리키니우스가 313년 2월 밀라노에서 만나 서로 합의한 뒤 6월에 공표한 관용령이다. 두 사람은 그동안 그리스도교가 여러 어려움 속에서 탄압과 시기를 받아왔으나 이제는 그 모든 것들을 중지하고 로마인들 가운데 누구라도 그리스도교를 믿을 자유가 있으며 이와 같은 신앙의 자유를 인정하자는 데에 합의했다.

3부에서 설명했듯이 디오클레티아누스는 그리스도교를 상대로 엄중한 박해령을 내린 바 있었다. 3세기 말, 로마제국 전체의 그리스도인은 10퍼센트 정도였고, 특히 동부 로마 지역에 그 수가 월등히 많았다. 디오클레티아누스는 자신이 유피테르 신의 대리인임을 자처하며 로마의 전통 종교 회복을 통해 황제권을 강화하고자 했다. 299년에 황궁을 시작으로 관리, 병사 등 모든 시민들을 국가 제사 의식에 참여하도록 했고, 이를 거부하는 자들은 태형에 처했다. 그는 303년에는 교회를 파괴하고 그리스도인 집회도 금지시켰다. 성직자를 체포하고 성서와 교회의 집기 등을 소각했으며, 관직과 자유인으로서의 법적 보호권을 박탈했다.

디오클레티아누스가 퇴위한 뒤에도 주로 동부 로마 지역인 갈레리우스 관구(발칸 반도)와 막시미누스 다이아Gaius Valerius Galerius Maximinus Daia 관구(소아시아, 이집트)에서 그리스도교 박해가 이어졌다. 특히 막시미누스 다이아는 로마 전통 종교 제사에 참여를 거부하는 자들의 사지를 절단하거나 채석장에서 중노동을 시키는 등의 처벌을 가하며 디오클레티아누스의 반그리스도교적 정책을 이어갔다.

갈레리우스 역시 그리스도교를 가혹하게 탄압했다. 그러던 중 311년경 갈레리우스는 급작스럽게 큰 병에 걸린다. 그러자 그리스도교를 탄압한 죄에 대한 벌로 그런 큰 병에 걸린 것이라는 소문이 나돌았다. 갈레리우스는 죽음을 앞둔 상황에서 그리스도교를 상대로 한 박해는 그 효과가 생각보다 미비하다고 판단했던 것 같다. 더 나아가 그들을 오히려 무신론자로 두는 것이 더 위험하다는 생각을 하게 되었다.

311년, 그러니까 밀라노 칙령이 공표되기 2년 전에 이미 갈레리우스는 선임 황제의 자격으로 로마제국 전역의 그리스도인에게 자신과 국가를 위해 기도하고, 공공질서를 해치지 않는 것을 조건으로 예배의 자유를 허용했다. 이것이 갈레리우스의 관용령이다.

그리스도인들을 공식적으로 탄압하자 그들은 자신들의 신에게만 기도를 못하는 것이 아니라 국가를 위해서도 기도를 하지 않게 되었는데, 이는 국가 차원에서도 달가운 일이 아니었다. 갈레리우스의 관용령은 로마제국의 모든 인민이 나라의 안녕과 발전을 위해 기도를 올려야 신들이 나라를 보호해줄 텐데 그리스도인들을 상대로 기도를 못하게 하는 것은 오히려 국익을 훼손하는 결과를 낳는다는 논리에서 비롯되었다.

사실 이는 명분에 불과하고 어쩌면 죽음을 앞둔 황제로서 보다 많은 사람들이 자신을 위해 기도해주기를 바라는 마음이 더 크지 않았을까 싶다. 그리스도인들 사이에서 기적이 일어났다는 등의 소문이 곳곳에서 나돌았고 당연히 이 소문은 갈레리우스의 귀에까지 전해졌을 것이기 때문이다. 갈레리우스는 어쩌면 그리스도인들에게 예배의 자유를 허용해주면 보다 많은 사람들이 기도를 하게 될 테고, 그러면 자신의 병도 기적처럼 낫지 않을까 하는 일말의 희망을 품었던 것으로 보인다.

다음은 에우세비오스의 『교회사』와 락탄티우스의 『박해자들의 죽음들』에 기록된 내용을 참고한 갈레리우스의 관용령의 일부다. 갈레리우스의 관용령은 뒤에 소개할 밀라노 칙령과 그 내용이 거의 유사하다.

그리스도교도로 하여금 조상의 습속을 준수하게 하는 칙령(303년의 박해 칙령)이 포고된 이후, 그들 다수는 위험이 두려워 굴복했고, 또 다수는 실제 위험을 겪었다. 그런데도 여전히 다수는 완고해서 우리의 전통 신들은 물론 그들의 하나님도 섬기지 못하고 있는 것이 현실이다. 따라서 우리가 늘 모든 사람을 관대하게 대해온 대로 그들에게 관용을 베푸는 것이 합당하다고 판단했다. "그들은 공공질서를 해치지 않는 한, 그리스도교 신앙을 갖고 예배 모임 장소를 설치할 수 있다…." 이렇게 종교의 관용을 포고하는 만큼 그리스도교도도 그들의 안녕뿐 아니라 제국의 공공 안녕을 위해 그들의 하나님에게 기도하는 것이 도리일 것이다.[8]

마치 그리스도인들과 그들의 신앙을 걱정하고 염려하는 것처럼 보이지만 여기서 강조점은 '제국의 안녕을 위해 기도하라'는 것이다. 큰 병에 걸려 죽음을 앞둔 자로서는 지푸라기라도 잡고 싶은 심정으로 그리스도인들의 기도 효과를 기대했을 것이다. 하지만 갈레리우스는 관용령을 내린 지 얼마 안 된 311년에 사망하고 만다. 당연히 그리스도인들의 기도 혜택은 보지 못한 셈이다. 그렇더라도 로마제국 동부에서 관용령이 먼저 선포되었다는 것은 역사적으로 매우 의미 있는 일이다.

제국의 내전과 밀라노 칙령

갈레리우스가 사망한 뒤 로마제국은 다시 내전에 휩싸였다. 로마제국 동부에서는 막시미누스 다이아(이집트, 소아시아)와 리키니우스(발칸 반도)가 서로 대립했고, 로마제국 서부에서는 콘스탄티누스(갈리아)와 막센티우스(이탈리아)와의 내전이 이어졌다. 그러한 상황 속에서 서부의 콘스탄티누스는 동부의 리키니우스와 동맹을 맺고, 서부의 막센티우스는 동부의 막시미누스 다이아와 동맹을 맺었다. 서로 경쟁하던 네 사람이 이제 둘씩 한 팀이 된 것이다.

그러다가 312년, 서부의 콘스탄티누스가 밀비우스 다리 전투에서 막센티우스 군대를 상대로 대승을 거두고 결국 로마제국 서부의 아우구스투스가 되었다. 그러자 동부의 리키니우스는 자신 역시 콘스탄티누스처럼 제국 동부의 황제가 되려면 그의 힘이 절대적으로 필요하다고 생각했다. 그는 자신에게 힘을 실어줄 것을 요청하기 위해 콘스탄티누스와 밀라노에서 회담을 갖기로 한다.

313년 초, 갈리아의 트레베리 황궁으로 향하던 콘스탄티누스는 밀라노에서 드디어 리키니우스와 회동했다. 이 당시 또 하나의 흥미로운 사건이 있었는데 바로 정략결혼이었다. 당시 권력 투쟁에는 마치 공식인 양 정략결혼이 뒤따랐다. 리키니우스가 콘스탄티누스의 누이 콘스탄티아와 결혼한 것이다. 이 결혼은 1년 전 두 사람이 동맹을 맺을 때 이미 약속한 사안이었다.

그 사이 막센티우스가 몰락하고 콘스탄티누스는 아우구스투스가 된 반면 리키니우스는 막시미누스 다이아와의 전쟁을 앞두고 있었다. 리키니우스 입장에서 이 밀라노 회동은 콘스탄티누스로 하여금 자기에게 힘을 실어줄 것을 요청하고, 또 자신의 결혼 문제도 확실히 하기 위한 자리였다. 한마디로 동맹을 재확인해 제국 동부에서의 내전을 대비하려한 것이 리키니우스의 계산이었다.

반면 콘스탄티누스로서는 막센티우스를 물리치고 아우구스투스가 되었으니 리키니우스로부터 자신의 승리와 로마제국 서부의 황제로서의 지위를 분명하게 인정받고자 하는 목적이 있었다.

그러므로 밀라노에서의 회동은 두 사람 모두에게 꼭 필

요한 만남이었다. 그리고 특히 종교 문제는 두 사람 모두에게 아주 민감한 공동의 관심사였다. 두 사람은 이 밀라노 회동에서 이른바 밀라노 칙령이라 불리는 관용령을 발표한다. 흔히 '콘스탄티누스의 밀라노 칙령'으로 알고 있지만 엄밀히 말하면 '콘스탄티누스와 리키니우스의 밀라노 칙령'이다. 칙령의 일부 내용을 소개하면 다음과 같다.

> 나 콘스탄티누스 아우구스투스와 리키니우스 아우구스투스는 좋은 전조 아래 밀라노(라틴어, 메디올라눔)로 와서 공공의 복지와 안전에 관련된 일들을 고려하면서, … 그리스도인들과 다른 모든 사람들에게 각자가 원했던 바대로 신앙을 준수하는 모든 권한을 허용하기로 결정했다. … 이전에 공식적으로 하달된 모든 규제들은 철폐되었다. 이제 그리스도교 신앙을 지키려는 사람들은 누구든지 괴롭힘 당하지 않고 자유롭게 그리고 공개적으로 그렇게 할 수 있다. … 그리스도인들에게 허락한 자유는 다른 사람들에게도 적용되므로, 그들도 각자가 원하는 예배와 신앙을 택할 수 있다. 각각의 사람이 자기 마음에 드는 신을 선택해 예배하는 특권을 누리게 되는 것은 우리 시대의 평화와 안정과도 일치하는 것이다.[9]

여기서 중요한 부분은 신앙의 자유가 어느 한 종교, 즉 그리스도교에 국한된 이야기가 아니라는 점이다. 그리스도인뿐만 아니라 어떤 종교를 신봉하든 모든 자들에게 각자가 원하는 신을 믿을 권리를 완전히 인정한다는 것이었다. 그 다음에 그리스도인들에 대한 좀더 실질적인 혜택이 담겨 있다.

> 우리는 그리스도인과 관련하여 다음과 같이 명령한다. …만일 어떤 사람이 전에 그리스도인들이 모이던 장소들을 다른 사람이나 국가로부터 사들였다면, 아무런 대가나 돈을 받지 말고 지체 없이 그곳을 돌려주어야 한다. 혹시 이런 처소를 선물로 받은 사람이 있다면, 즉시 그것을 그리스도인들에게 반환해야 할 것이다. 만일 그 처소를 구입했거나, 선물로 받았던 사람들이 국가에 요구할 것이 있다면, 속주 총독에게 재판을 청구하라. 그러면 우리는 관대하게 그들에게 필요한 것을 제공할 것이다.[10]

이렇게 해서 공동 발표된 밀라노 칙령은 로마제국의 전 영토에 존재하는 그리스도교를 포함한 모든 종교에 대해 신앙의 자유를 선언하는 것이었다.

그리스도교 공인과 후속 정책

많은 사람들이 밀라노 칙령을 그리스도교 공인과 등치시킨다. 그리스도교가 워낙 강력하게 탄압을 받았기 때문일 것이다.

하지만 엄밀하게 말하자면 두 황제는 모든 종교의 자유를 선포했으며, 그중 그리스도교가 가장 큰 수혜자였다고 말하는 것이 정확하다. 실제로 밀라노 칙령을 기점으로 로마제국 전 영토 내에서 그리스도교를 포함한 모든 종교의 자유가 선포된 것이기 때문이다. 그럼에도 박해 시대에 몰수했던 교회의 모든 재산을 반환하고, 그리스도인을 속박했던 모든 법률도 폐지했다는 점에서 그리스도교에 끼친 영향이 지대했음을 부인할 수는 없을 것이다.

밀라노 칙령과 관련해 갈레리우스 관용령의 재확인일 뿐이라며 칙령의 의미가 과장되었고, 더 나아가 근대가 만든 신화라는 주장도 있다. 실제로는 갈레리우스의 관용령이 훨씬 더 중요하며, 밀라노 칙령은 발표된 적도 없고 후에 갈레리우스의 관용령을 서로 합의한 것에 불과하므로 '밀라노 합의'라고 해야 마땅하다고 주장하는 학자들도 있다.

그러나 갈레리우스 관용령이 먼저 나왔고, 밀라노 칙령이 그와 비슷한 내용으로 이루어져 있다 하더라도 콘스탄티누스와 리키니우스가 이 관용령을 통해 종교적 갈등을 무마하고, 특히 그리스도인들에 대한 박해에 종지부를 찍었다는 것은 부정할 수 없는 매우 중요한 역사적 사실이다. 갈레리우스는 관용령을 선포한 뒤 곧 사망했기 때문에 그 내용을 바탕으로 이렇다 할 아무런 정책도 실행하지 못했다. 즉 그리스도교에 대해 실효성 있는 어떤 조치도 취한 바가 없다는 것이다.

반면에 밀라노 칙령을 발표한 뒤 콘스탄티누스는 그리스도교에 우호적인 많은 정책을 펼쳤다. 교회는 박해 기간에 몰수당했던 많은 재산을 돌려받고 완전한 소유권을 인정받았다. 321년에 이르러서는 시민들이 교회에 많은 재산을 기부할 수 있게 되었고, 또 유언을 남기지 않고 사망한 순교자들의 재산도 교회에 배당하면서 교회의 재산은 순식간에 증가했다. 뿐만 아니라 전통 종교의 신전에만 적용되던 성스러운 영역의 원리가 이제는 교회로 전이되었다. 그리고 주교들이 교회에 비협조적인 고위 관리들을 파문하고 견책하는 것을 허용했다. 한편으로는 그리스도인이 아니면 고위공직에 오르지 못하는 역설적인 상황이 이때부터 만들어지기 시작했다.

이때부터 그리스도인들이 '주일Lord's day'로 부르는 일요일이 법정 공휴일로 선포되었다. 그리고 앞서 설명했던 라바룸(XP) 표식을 채택해 로마 군단의 깃발에 새겨 넣었는데, 마치 그리스도교 정신으로 싸우는 군대처럼 이 표식을 상징화한 것이다. 이를 시작으로 나중에 십자군 운동에서도 방패 등에 십자가를 새기고 나가 싸웠더니 승리했다는 식의 신화가 만들어지기도 했다.

이로써 로마 군대는 이제 그리스도교 군대가 되었다. 실상이 이렇다 보니 후대에 밀라노 칙령의 역사적 의미가 부각되고, 특히 그리스도인들이 신앙의 자유를 얻었다고 하는 사실이 강조된 것이다.

콘스탄티누스가 친그리스도교적 정책을 펼치며 로마제국 서부의 황제로서의 자리를 굳혔고, 그와 동맹을 맺은 리키니우스 역시 막시미누스 다이아를 물리치면서 로마제국 동부의 황제로 등극했다. 이제 콘스탄티누스와 리키니우스는, 앞에서 보았듯이 밀라노 칙령 이전에 정략 결혼을 통해 처남-매부의 사적관계 하에 313년부터 324년까지 로마제국의 동부와 서부를 사실상 양분해 통치하게 된다.

그러나 친그리스도교 정책을 밀고 나가며 밀라노 칙령의 정신을 정책에 반영한 콘스탄티누스와 달리 리키니우스는 320년부터 그리스도인에 대한 박해를 재개했다. 이에 콘스탄티누스는 밀라노 칙령의 정신을 온전하게 수호해야 한다는 명분을 내걸고 리키니우스와의 내전을 감행했다.

324년, 동부로 향한 콘스탄티누스는 트라키아를 공격해 리키니우스 군대를 격파하고 리키니우스의 항복을 받아냈다. 그 뒤 리키니우스는 살로니카로 추방당했다가 다음 해에 반역죄로 처형됨으로써 콘스탄티누스와 리키니우스 두 황제의 사적·공적 관계도 종지부를 찍게 되었다.

325년에 이르러 콘스탄티누스는 '하나의 군주, 하나의 세계, 하나의 신조' 아래 지중해 세계를 재통일하는 정치적 지위를 갖게 된다. 디오클레티아누스가 동부 로마제국, 서부 로마제국으로 나누고, 그것을 아우구스투스(황제)와 카이사르(부황제)라는 직책으로 나누어 통치하던 4제 통치체제는 한 세대 만에 콘스탄티누스에 의해 무너지고, 다시 통일된 하나의 로마제국이 탄생했다. 이후 로마는 명실상부한 그리스도교 제국을 향해 나아가게 되었다.

니케아에서 삼위일체론을 정통 교리로 선언하다

교회의 분열과 도나투스 분쟁

예수의 가르침을 수용한 소수의 제자들로부터 시작한 그리스도교 공동체는 출발부터 박해의 대상이 되었다. 유대인들은 야훼(또는 여호와)만이 유일한 경배의 대상이라는 유일신 사상, 유대인만이 신의 택함을 받았다는 선민 사상, 그리고 메시아(히브리어로 '기름 부음을 받은 자'라는 뜻이고, 헬라어로는 '그리스도')가 와서 이스라엘을 이민족의 압제에서 해방시킬 것이라는 메시아 사상의 신봉자들이었다. 여기서 예수가 바로 유대인들이 열망하던 그 메시아, 즉 그리스도라는 사실을 믿는 사람들이 바로 그리스도인이었다. 반면에 예수를 메시아로 인정하지 않았던 유대인들은 그리스도인들에 대한 최초의 반대자였고, 결국 유대교와 그리스도교는 이후 각자의 길을 가게 되었다.

다신교적 전통의 로마제국은 대체로 외래 종교에 대해 관용적이었지만 다신교를 부정하고 특히 황제 숭배를 거부하는 그리스도교에 대해서는 반감을 가졌다. 이로 인해 네로 황제를 시작으로 디오클레티아누스에 이르기까지 여러 차례 박해에 시달려야만 했다. 313년 밀라노 칙령은 그런 점에서 300여 년의 교회사에 중요한 전환점이 되었고, 그리스도교는 콘스탄티누스 황제의 후원 아래 제국 종교의 길로 나아가기 시작했다.

그러나 공인받은 이후 교회가 해결해야 할 과제들이 표면화되었고, 여러 견해들이 충돌했는데, 그중 하나가 도나투스파 문제였다. 4세기 초 디오클레티아누스의 대박해가 진행될 때 그리스도인들 중에는 박해를 피해 도주하거나 순교를 각오하고 신앙을 지킨 사람들이 있는가 하면, 어떤 사람들은 탄압을 견디지 못해 신앙을 버리고 배교하기도 했다. 배교자들 중에는 평신도뿐만 아니라 주교와 대주교도 포함되어 있었다.

그러나 밀라노 칙령으로 그리스도교가 공인되자 교회

로 돌아온 배교자들의 처리 문제가 쟁점이 되었다. 배교의 정도에 따라 출교, 제제, 사면 등의 원칙이 세워졌지만 개개인들에게 적용하는 과정에서 견해 차이가 생길 수밖에 없었다. 특히 배교했던 교회 지도자들의 처리 문제는 성사의 유효성 여부를 둘러싸고 또 다른 쟁점을 낳았다.

도나투스Donatus Magnus는 디오클레티아누스 박해 당시 순교를 각오하고 신앙을 지킨 인물이었다. 도나투스를 필두로 그의 추종자들로 이루어진 도나투스파는 배교자들, 특히 주교와 사제들을 교회에서 완전히 축출해야 한다고 주장하는 극단적 분리주의자들이었다. 그들은 이미 신앙을 버렸던 사람들이므로 그들이 다시 돌아와 예전처럼 성사를 진행하는 것은 무의미한 일이며, 이는 하나님이 원하는 바가 아니라는 것이다. 이들은 배교자나 이단자들에 의한 성사 집행을 반대했다.

도나투스파는 특히 카르타고 주교로 카이킬리아누스가 임명되자 강력하게 반발했다. 카이킬리아누스가 디오클레티아누스 박해 당시 박해자들에게 성서를 넘겨준 주교로부터 서품을 받았기 때문에 그의 주교직은 무효라는 것이었다. 반면에 로마 교회는 인간의 나약함을 부정하고, 교회의 사면을 죄악시하는 극단적 주장과 논리를 반대하면서 "새로운 시대가 되었으니 잘못이 있더라도 이를 포용해야 하며, 그렇지 않고 이를 계속적으로 문제 삼는 것은 그리스도교의 정신이 아니다"라고 반박했다.

도나투스파는 콘스탄티누스에게 중재를 청원했지만 콘스탄티누스는 로마 주교에 이 일을 일임했고, 313년과 314년, 두 차례의 공의회를 거친 결과 결국 도나투스파에 불리한 판결이 나왔다. 그러나 316년, 아프리카 교회는 박해 당시 고문을 받으며 6년간이나 견딘 도나투스를 카르타고 주교로 선출했고, 이로써 로마 교황이 임명한 주교와 도나투스파가 서로 대립하면서 결국 아프리카 교회는 분열했다.

밀라노 칙령으로 로마제국의 정치적 안정을 꾀했던 콘스탄티누스는 교회가 내부적으로 분열하자 제국의 정치 안정을 위해 로마 교황을 지지하면서 도나투스파를 비판했다. 그는 도나투스파를 군사적으로 진압하고 나아가 도나투스파 교회의 재산을 몰수하도록 지시했다. 그럼에도 불구하고 도나투스파가 사라지지 않자 교회의 통일성에 대한 콘스탄티누스의 기대는 좌절되었다. 콘스탄티누스는

321년에 도나투스파의 신앙과 자유를 인정하는 칙령을 발표하기는 했지만 이후 그의 계승자들은 도나투스파를 강력하게 탄압했다. 도나투스파는 4~5세기에도 아프리카에서 나름의 세력을 유지하다가 7~8세기에 이슬람이 팽창하면서 소멸되었다.

아리우스파의 반발과 니케아 공의회

사실 도나투스파보다 더 심각한 문제는 아리우스파였다. 예수를 메시아(그리스도)로 믿는 신앙 공동체로 출발한 그리스도교 안에서 시간이 가면서 '하나님의 아들(성자 하나님)' 예수와 하나님 아버지(성부 하나님)의 본성에 대해 논란이 일기 시작한 것이다. 초기 그리스도교회 안에서는 예수가 신성과 인성을 모두 가진 하나님이라는 견해에 이의가 없었다. 그러나 알렉산드리아 출신의 신학자 아리우스Arius가 예수의 본성에 대해 이견을 제시했다. 예수 그리스도는 성부 하나님의 피조물이며, 성부와 호모우시오스homoousios(동일 본질)가 아니라 헤테로우시오스heteroousios(다른 본질)이라는 것이다. 따라서 성부와 성자를 동일한 본질로 보는 것은 잘못된 것이라고 주장했다.

그러자 알렉산드리아의 주교 알렉산데르는 성자는 성부와 동일 본질이며, 삼위일체의 세 위격인 성부, 성자, 성령은 모두 시간과 본질에서 하나의 하나님이고 이는 우주의 전능한 권능의 세 측면이라며 아리우스파의 주장을 강력하게 비판했다. 324년에 리키니우스를 물리치고 소아시아 북서부 니코메디아 황궁에 체류하던 콘스탄티누스는 명실상부한 로마제국의 황제로서 정치적 안정을 꾀하고자 했다. 그러나 도나투스파 문제를 통해 교리적 문제가 정치적 분열로 이어질 것을 예견한 그는 문제가 확대되기 전에 해결점을 찾고자 했다.

콘스탄티누스는 325년 5월, 니코메디아 아래쪽에 있는 소도시 니케아에서 공의회를 소집했다. 그는 로마제국 전역의 주교들을 국가의 예산으로 초대했고, 300여 명의 주교들이 이 공의회에 참석했다. 분열되어 있는 교리 문제를 빨리 정리하도록 하기 위해서였다. 콘스탄티누스는 개회사에서 자신은 하나님께 헌신하며, 교회의 통일을 이루고 싶다고 말했다. 그러면서 자신은 종교적인 문제는 잘 모르니 주교들이 함께 토론해 삼위일체와 관련해 하나의 단합된 교리를 만들어 더 이상 분열이 없도록 해달라고 요청했다.

그렇게 주교들 사이에서 갑론을박이 시작되었고, 결국 알렉산더 후임 주교인 아타나시우스가 주창한 삼위일체론이 정통 교리이고, 아리우스파의 주장은 이단이라는 결론을 내놓았다. 니케아 공의회의 결과에 따라 결국 아리우스는 파문되고 그의 저서는 모두 불태워졌다. 그러나 아리우스파는 이단 선포를 받아들이지 않았고 그들은 지속적으로 로마제국에 불화를 일으켰다.

325년에 있었던 이 니케아 공의회는 그리스도교의 민감한 사안이었던 삼위일체를 처음으로 정통 교리로 선언하는 중요한 회의가 되었다. 또한 니케아 공의회에서는 그동안 논란이 되었던 부활절 날짜를 춘분 이후 첫 만월 뒤 첫 번째 일요일로 정했고, 이 결정은 오늘날까지 이어지고 있다.

니케아 신조와 삼위일체론의 등장

1차 니케아 공의회에 나온 니케아 신조는 이후 삼위일체론의 토대가 되었다. 그 내용을 살펴보면 다음과 같다.

우리는 한 분 하나님, 아버지, 전능자, 모든 보이는 것뿐만 아니라 보이지 아니하는 것의 창조자를 믿습니다.

그리고 한 분 주 예수 그리스도를 (믿습니다).

하나님의 아들, 아버지로부터 독생자로서 나셨고, 즉 하나님의 본질로부터, 하나님으로부터 하나님, 빛으로부터 빛, 참 하나님으로부터 참 하나님, 낳아지시고 피조되지 아니하시고, 아버지와 본질상 같으시고, 그를 통하여 모든 것이 만들어졌고, 하늘에 있는 모든 것뿐만 아니라 땅에 있는 모든 것, 우리 인간들을 위하시고, 그리고 우리의 구원을 위하신 분, 내려오신 분, 그리고 육신이 되신 분, 인간 안에 거하신 분, 고난을 받으신 분, 그리고 삼 일 만에 부활하신 분, 산 자와 죽은 자를 심판하시고자 오실 분

그리고 우리는 성령을 믿습니다.[11]

신조는 하나님 아버지를 "전능자, 모든 보이는 것뿐만 아니라 보이지 아니하는 것의 창조자"로 선언한다. 그리고 하나님의 아들 예수 그리스도에 대해 앞서도 이야기했던 중요한 부분인 동일 본질에 대해 언급한다. "그분은 하느님의 외아들이시며, 아버지에게서 나셨으며, 곧 아버지의 본질에서 나셨다. 하느님에게서 나신 하느님이시며, 아버

지와 본질에서 같으시다"라고 주장했다. 니케아 신조는 성령에 대해서는 설명하지 않았다. 그 당시 성령은 문제시되는 사안이 아니었으며, 성부와 성자의 본질이 같은지 아닌지가 논란의 중심이었기 때문이다. 결국 니케아 신조에서는 성자를 성부와 같은 본질이라고 선언하면서, 양 옆에 주교들을 거느린 콘스탄티누스는 "이것이 앞으로 교회의 정통 교리"임을 천명한 셈이다.

이후 그리스도교의 정통 교리로 자리 잡은 니케아 신조의 삼위일체론은 381년 콘스탄티노폴리스 공의회에서 좀 더 자세하게, 그리고 특히 성자와 성령 부분이 보강되면서 오늘날까지 교회에서 사용하는 신조로 다음과 같이 완성되었다.

> 우리는 한 분 하나님, 아버지, 전능자, 하늘과 땅의 창조자, 모든 보이는 것뿐만 아니라 보이지 아니하는 것의 (창조자를) 믿습니다.
> 그리고 한 분 주 예수 그리스도를 (믿습니다).
> 하나님의 독생하신 아들, 아버지로부터 나아지신 분, 모든 시간 전에 빛으로부터 빛, 참 하나님으로부터 참 하나님, 낳

아지시고 피조되지 아니하신 분, 아버지와 본질상 같으시고, 그를 통하여 모든 것이 만들어졌고, 우리 인간들을 위하시고, 그리고 우리의 구원을 위하신 분, 하늘로부터 내려오신 분, 그리고 성령과 동정녀 마리아로부터 육신이 되신 분, 그리고 인간 안에 거하신 분, 우리를 위하여 폰티우스 필라투스 아래서 십자가에 못 박히실 뿐만 아니라, 고난을 받으신 분, 그리고 성경대로 삼 일 만에 부활하신 분, 그리고 하늘로 올라가신 분, 그리고 아버지의 오른편에 앉으신 분, 그리고 산 자와 죽은 자를 심판하시고자 다시 영광 중에 오실 분, 그의 왕국은 마침이 없을 것입니다.

그리고 성령을 (믿습니다).

주님이시며, 생명을 주시는 분. 아버지로부터(라틴어 역, 그리고 아들로부터) 나오신 분, 아버지와 아들과 함께 경배되고 그리고 영화롭게 되는 분, 예언자들을 통하여 말씀하셨던 분,

하나의 거룩한, 보편적이고 사도적인 교회를 (믿습니다).

우리들은 죄의 용서를 위한(- 안에서) 하나의 세례를 고백합니다.

우리들은 죽은 자의 부활과 미래적인 영원한 시간의 생명을 고대합니다.[12]

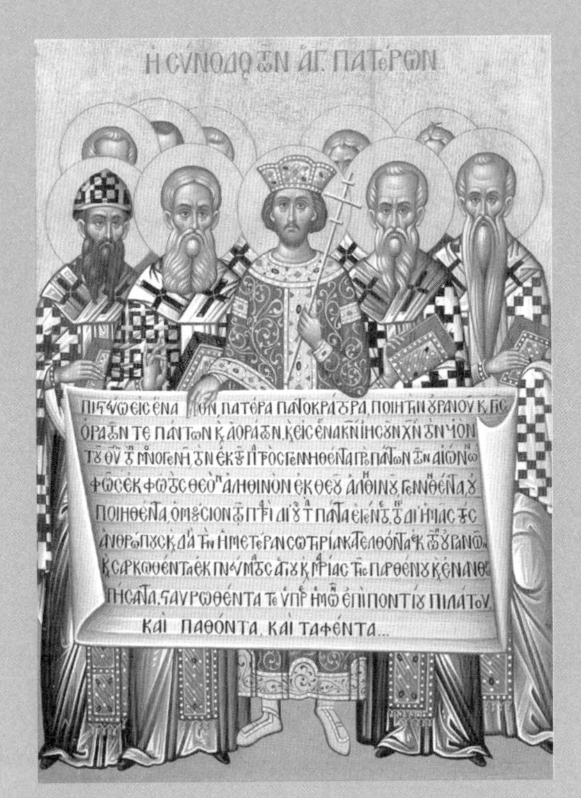

니케아 공의회의 니케아 신조를 들고 있는 콘스탄티누스와 주교들의 성화

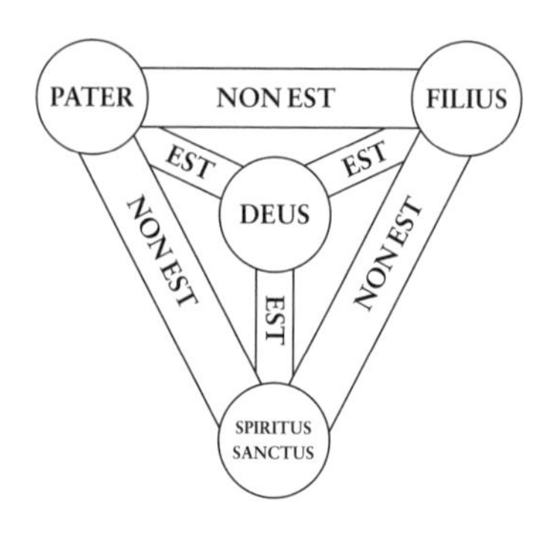

아버지Pater와 아들Filius과 성령Spiritus Sanctus은 동일한 인격이 아니나non est 한 하나님Deus이라는 것을 표현한 '삼위일체 방패' ⓒAnonMoos

1차 니케아 공의회에서는 성령에 대한 언급이 한 줄로 되어 있었던 것과 달리 콘스탄티노폴리스 신경에서는 그 내용이 조금 더 확실하게 보충되었다. 그리고 성령을 믿는다고 하면서 성령을 "주님이시며, 생명을 주시는 분. 아버지로부터(라틴어 역, 그리고 아들로부터) 나오신 분, 아버지와 아들과 함께 경배되고 그리고 영화롭게 되는 분, 예언자들을 통하여 말씀하셨던 분"이라고 선언하였다. 이로써 성부와 성자와 성령이 한 하나님이라는 삼위일체 교리가 비로소 완성된 것이다.

이처럼 콘스탄티누스는 그리스도교를 공인하고 삼위일체론을 정통 교리로 만드는 등 그리스도교의 형성에 많은 영향을 주었다.

콘스탄티노폴리스,
새로운 로마의 시작

비잔티움에 건설한 새 로마(Nova Roma)

콘스탄티누스는 동서로 나뉘어 있던 로마제국을 통일시킨 황제가 되었다. 그동안 4제 통치 체제로 인해 로마제국에는 갈리아의 트리어, 이탈리아의 밀라노, 일리리쿰의 시르미움, 소아시아의 니코메디아 이렇게 네 개의 지역에 각각의 황궁이 존재했다. 이 곳곳을 돌아다니며 제국을 통치하던 콘스탄티누스는 이제는 황제가 정착할 수 있는 하나의 황궁, 즉 중심이 있어야 한다고 생각했다.

하지만 로마에 정착하고 싶지는 않았다. 천 년 이상 로마는 전통적인 이교 신들의 도시였다. 지금도 로마에는 유피테르 신전이나 베누스 신전 등 그 여러 신전들의 흔적이

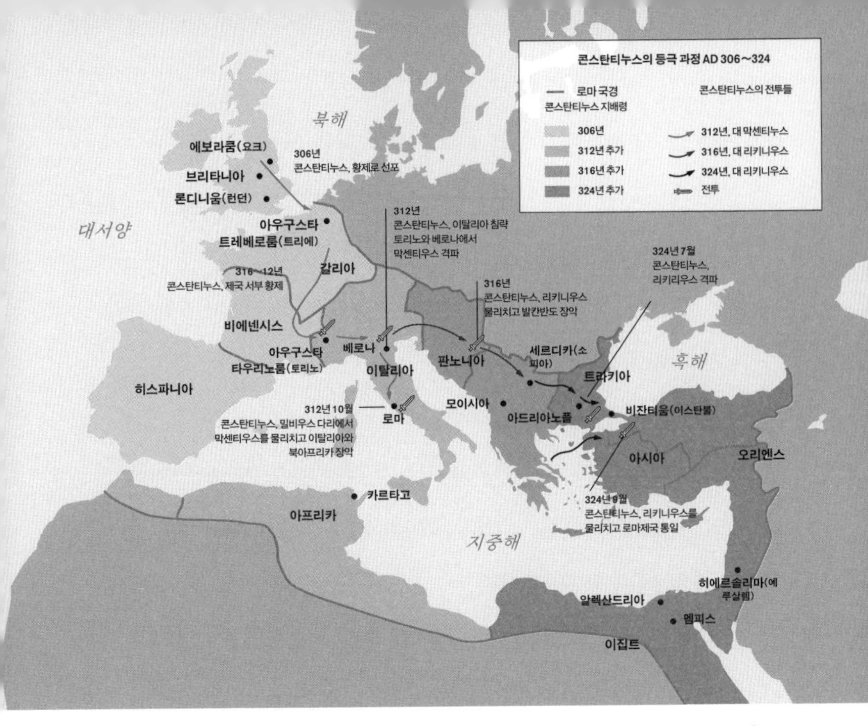

콘스탄티누스의 등장과 지중해 세계. 콘스탄티누스는 비잔티움에 콘스탄티노폴리스를 건설했다.

남아 있다. 콘스탄티누스는 그리스도를 공인하고 또 스스로 그리스도인으로서 정책을 펼쳐나가는 상황에서 매일 이교 신전들을 마주하는 것이 탐탁지 않았을 것이다. 그는 새로운 도시가 절대적으로 필요하다고 생각했다.

'새 술은 새 부대에'라는 말이 있듯이 콘스탄티누스는, 자신이 정착해 만들어갈 새로운 수도를 물색했다. 그리고 새로운 수도는 여러 면에서 서방보다는 동방이 낫다고 판단했다. 그 결과 324년에 비잔티움이 새로운 수도로 확정되었다. 비잔티움은 유럽과 아시아가 만나는 지역이기도 했다. 로마를 모델 삼아 곧 착공에 들어갔고 330년 5월, 6년 만에 초고속으로 준공식이 거행되었다. 비잔티움에 콘스탄티누스의 새로운 로마, 즉 'Nova Roma'가 세워졌고, 도시 비잔티움은 이후 '콘스탄티노폴리스'라는 새로운 이름으로 불리게 되었다. 그의 여러 업적 가운데 손꼽히는 하나가 바로 이 수도 이전이다.

황궁 옆에는 팔라티움 언덕의 대전차 경기장을 모방해 대형 전차 경기장hippodromos도 만들었다. 지금도 이스탄불에는 히포드로모스의 일부 흔적이 남아 있다. 그리고 '콘스탄티누스 기둥'을 세워 새로운 수도를 창설한 그의 공적을 기렸다. 로마 시민들이 검투사 경기를 선호한 것과 달리 콘스탄티노폴리스 시민들은 전차 경기를 선호했다. 로마의 트라야누스 광장을 모방해 콘스탄티누스 광장도 만들었다. 콘스탄티노폴리스를 로마 못지않은 웅장하고 활력이 넘치는 도시로 만들기 위해서였다.

하지만 수도로서의 격식을 갖추려면 20~30만 명의 주

성 소피아 성당의 모자이크화. 중앙에는 마리아와 아기 예수, 오른쪽에는 새 로마를 바치는 콘스탄티누스 1세, 왼쪽에는 성 소피아 성당을 바치는 유스티니아누스의 모습이 그려져 있다.

민이 필요했다. 콘스탄티누스는 로마 원로원에 상응하는 엘리트 집단을 형성해 신흥 계층 출신자들을 불러들여 새로운 수도에 걸맞은 규모의 도시를 만들었다.

5세기 역사학자 소조멘Sozomen은 새로운 로마 콘스탄티노폴리스를 "제단과 그리스 신전, 그리고 제사로 오염되지 않은 도시"라고 기록했다. 철학자이자 사상가인 아우구스티누스Aurelius Augustinus는 "신의 도성"이라며 하나님의 나라가 이곳에 구현되었다고 표현했다. 콘스탄티누스는 이 새로운 수도의 그리스도인들을 위해 성서를 제공하기까지 했다.

그러나 그러한 바람과 달리 전통적인 로마 사상인 이교주의가 한순간에 잠식된 것은 아니었다. 그들과의 공생은 불가피했다. 콘스탄티누스가 황제인 자신을 우상화하면서 콘스탄티노폴리스는 '이교풍이 강한 황제의 도시'가 되었다. 콘스탄티노폴리스는 한마디로 '황제 교황주의의 산실'이라고 말할 수 있다.

이스탄불에 있는 비잔티움 건축의 대표적 걸작인 성 소피아 성당에는 콘스탄티누스가 보좌에 앉아 있는 마리아와 아기 예수에게 새로운 도시를 바치는 모자이크 벽화가 남아 있다. 여느 황제들과 마찬가지로 콘스탄티누스 역시 금화 솔리두스를 발행했는데 앞면에는 장미 화관을 쓰고 휘장과 갑옷을 입은 자신의 흉상을 새겨 넣고, 뒷면에는 오른손에 트로피를, 왼손에는 종려나무 가지를 잡고 걸어가는 빅토리아 여신의 모습을 새겨 넣었다. 자신이 얼마나 중요한 업적을 세웠는지를 선전하는 동시에 빅토리아 여신을 새겨 넣음으로써 승리의 여신을 자신의 수호신으로 삼았다.

로마제국의 운명을 가른 율리아누스와 테오도시우스

콘스탄티누스의 로마제국은 그리스도교를 바탕으로 지중해 세계를 통합하는 새로운 출발이 되었다. 하지만 콘스탄티누스가 죽고 그의 조카 율리아누스Flavius Claudius Julianus가 361년에 황제가 되었는데, 그는 삼촌 콘스탄티누스가 적극적으로 실시해온 친그리스도교 정책에서 벗어나 로마 전통 종교의 부활을 꾀했다.

율리아누스는 종교 관용령을 거론하며 로마 전통 종교를 도외시하는 친그리스도교 정책을 강력하게 비판했다. 그는 콘스탄티누스가 그리스도교에 너무 많은 특혜를 주었다면서 그 모든 것을 철회하는 동시에 교회가 가지고 있던 여러 가지 특권들도 폐지시켰다. 그리스도교 성직자의 명예와 면책 특권을 철회했고, 군대와 내정 고위직에서 그리스도인을 배제했으며, 교회에 기부금도 금지시켰고, 그리스도인들이 문법과 수사학을 학습하는 것도 허용하지 않았다.

그는 예수를 갈릴리에서 활동한 사람이라는 뜻의 '갈릴리인'으로 부르며 폄하했다. 동시에 종교의 자유를 약속하며 추방당한 이단 종파를 복귀시켰고, 폐쇄된 이교 신전들의 복원을 허용했다. 이러한 반그리스도교 정책 때문에 율리아누스는 후대에 '배교자 율리아누스'라는 악명으로 불리게 되었다.

율리아누스는 363년 페르시아 전쟁 중 전사했다. 그는 이때 "오 갈릴리인이여, 그대가 승리했도다!"라는 말을 남겼다고 한다. 이를 두고 교회사가들은 '그리스도교를 탄압한 것에 대한 벌로 죽음을 맞이하게 되었다'는 뜻으로 해석하기도 했다.

이후 391년에 테오도시우스Flavius Theodosius는 모든 다신교적 종교 의식을 금지하고 이교 신전들에 대한 폐쇄령을 발표했다. 그것의 일환으로 393년 고대 올림픽도 폐지되었다. 고대 올림픽은 바로 제우스를 기념하는 축제이자 제사였기 때문이다. 기원전 776년에 시작되어 4년마다 열렸던 올림픽이 폐지되면서 로마는 명실상부한 그리스도교 국가로 자리매김하게 된다.

그리고 얼마 지나지 않아 395년, 로마제국은 동로마와 서로마로 완전히 분리된다. 테오도시우스 황제가 죽으면서 동로마는 큰아들 아르카디우스에게, 서로마는 작은아들 호노리우스에게 통치를 맡겼기 때문이다. 로마제국의 분리는 로마 교황이 이끄는 로마 가톨릭교회와 동로마 황제의 강력한 리더십이 있던 그리스 정교회가 서로 다른 길을 걷게 되는 출발점이 되기도 했다. 두 교회는 교리적으로나 정치·문화적 차이로 인해 대립과 갈등을 겪다가 1054년에 결별했다. 그러나 예수를 그리스도로 믿는 그리스도교의 공통된 신앙은 유지되었다.

니코메디아에서 콘스탄티노폴리스까지

콘스탄티누스는 반복되는 내전 속에서 끝내 황제가 되었고, 로마제국을 하나로 통일하는 데에 성공했다. 그는 밀라노 칙령과 니케아 공의회를 통해 그리스도교를 로마의 중요한 종교로 공인하는 데에 기여했다. 324년에는 제국을 통일한 전후 군인으로서, 그리고 행정가로서 종교 정책의 변화를 모색하고 수도를 이전했으며, 속주 행정과 궁정 조직을 개편하고, 변경 방위 전략을 수정해 군제를 개혁했다.

콘스탄티누스는 제2의 트라야누스로 불리며 고트족을 상대로 승리를 거둔 개선장군이었다. 그는 다키아를 정복해 그리스도교를 전파했고, 동쪽으로는 아르메니아를 그리스도교 세력권으로 끌어들였다. 그 가운데 아르메니아를 공격하고 내정을 간섭하는 페르시아에 친서를 보내 압력을 넣기도 했다. 로마제국이 일종의 그리스도 세계의 '대부'임을 천명한 것이다.

콘스탄티누스는 336년에 황제 즉위 30주년 기념제를 하고 얼마 지나지 않아 세상을 떠났다. 니코메디아 황궁에서 볼모로 젊은 시절을 보내고, 브리타니아에서 병사들에 의해 황제로 추대되었다가 내전을 거쳐 통일된 로마제국의 황제가 되었으며, 로마를 그리스도교 국가로 전향하는 데에 이바지한 콘스탄티누스의 파란만장한 삶은 '새로운 로마' 콘스탄티노폴리스에서 마무리되었다.

기념제에서 그는 네 부황제에게 제국 분할 통치를 위임했다. 장남 콘스탄티누스 2세에게는 브리타니아와 갈리아, 히스파니아를 맡겼다. 차남 콘스탄티우스 2세에게는 소아시아와 시리아, 이집트를, 셋째 콘스탄스에게는 이탈리아와 아프리카, 판노니아를 맡겼고, 그리고 의붓동생 달마티우스에게는 마케도니아와 트라키아를 맡겼다. 디오클레티아누스가 그랬던 것처럼 그 역시 자기가 죽은 뒤 누구도 일인 통치를 하지 말라고 유언했다. 광대한 로마를 한 사람이 통치하다 보면 결국 내전으로 나아간다는 것을 역사적 경험으로 알고 있었기 때문이다.

337년, 죽음을 앞두고 니코메디아 주교 에우세비우스에게 세례를 받은 콘스탄티누스는 337년 5월 22일, 65세의 나이로 세상을 떠났다. 그의 시신은 콘스탄티누스 자신이 12사도의 성유골과 성유물을 한곳에 모아서 기념할 목적으로 콘스탄티노폴리스에서 건설을 시작했던 성사도교회The Church of the Holy Apostles에 안치되었다. 그의 시신을 미리 만들어 둔 12사도의 허묘虛墓 옆에 배치하도록 했던 것은 자신도 12사도처럼 하나님의 종이라는 것을 강조하려는 의도였을 것이다. 그래서 그는 마치 자신이 13번째 사도로 불리기를 원했던 것 같다.

디오클레티아누스가 4제 통치 체제를 기반으로 반그리스도교를 전면에 내세운 것과 달리 콘스탄티누스는 그리스도교로 로마제국을 재건축했다. 313년에 있었던 밀라노 칙령 선포를 시작으로 325년에는 로마제국을 통일시킨 황제가 되었으며, 330년에는 콘스탄티노폴리스로 수도를 이전해 새로운 도시를 건설했다. 이는 로마제국의 그리스도교 국가로의 출범이었으며, 이후 서양 중세의 그리스도교 천 년의 정체성을 확립하는 토대가 되었다.

이교 역사가인 암미아누스 마르켈리누스Ammianus Marcellinus는 로마의 다신교적 전통 종교를 무시하고 로마의 그리스도교화 정책의 토대를 놓은 콘스탄티누스를 "만사를 바꾸고 뒤집어 놓은 사람"이라며 부정적으로 평가했다.

어쨌든 그리스도교 전통은 지속적으로 이어졌고, 콘스탄티누스의 그리스도교 공인은 오늘날까지 서양이 그리스도교의 세계로 남게 하는 출발점이 되었다는 점에서 '적절한' 평가라고 할 수 있다.

Q 묻고

답하기 A

디오클레티아누스가 4제 통치 체제를 기반으로 반그리스도교를 전면에 내세운 것과 달리 콘스탄티누스는 그리스도교로 로마제국을 재건축했다. 그가 그리스도교를 공인한 진짜 이유는 무엇이었을까?

유일신 사상에 근거한 그리스도교는 하나님 한 분만을 경배해야 한다고 믿었기에 다신교 전통의 로마 사회에서 탄압을 받았다. 그러나 강력한 통치권을 원하는 콘스탄티누스에게 그리스도교의 유일신 사상은 정치적으로 필요해 보였을 것이다. 밀라노 칙령이 발표될 당시 로마제국은 황제권이 동서로 나뉘어 있었고, 서로마 황제 자리를 두고 막센티우스와 내전에서 승리한 바 있다. 다양한 민족과 인종, 문화가 공존하는 로마제국에서 태양이 하나이듯이 하나의 신을 믿고 하나의 황제가 다스려야 한다는 통치 이데올로기에 그리스도교만큼 적당한 종교는 없었을 것이다.

콘스탄티누스는 로마제국을 통일시키고 콘스탄티노폴리스로 수도를 이전해 새로운 도시를 건설했다. 이는 로마제국이 그리스도교 국가로의 새로운 출범과 함께 이후 서양 중세의 그리스도교 정체성을 확립하는 토대가 되었다. 수도 이전과 그리스도교의 상관성을 어떻게 이해할 수 있을까?

로마에는 천 년 이상 이어온 정치 전통을 대표하는 로마 원로원, 그리고 다신교적 전통을 보여주는 신전들과 그와 관련된 많은 유적들이 있었다. 그리스도교 신자들도 제국 동부만큼 많지 않았다. 따라서 그리스도교의 유일신 사상과 문화와 대립하는 과거 유산에서 벗어나기 위해서는 '새 술은 새 부대에' 라는 말처럼 새로운 수도가 필요했기 때문이다.

나가는 글

'영원한 로마'를 만든 이들

모든 사람은 태어나 한평생 살다가 죽는다. 그런 점에서 모든 사람은 평등하다. 그러나 어떤 사람은 크고 작은 공동체의 리더가 되어 공동체를 위해 많은 일을 하다가 죽고, 어떤 이들은 그저 그날그날을 평범하게 살다가 죽는다. 국가 공동체의 경우 리더는 소수이고 대부분은 보통사람의 삶을 산다. 국가를 책임진 리더의 생각과 판단, 그리고 그의 역할은 아주 중요하다. 동시대를 살아가는 사람들뿐만 아니라 후대에까지 영향을 끼치기 때문이다.

2천년 전 로마는 지중해 세계를 통치하는 대제국이었다. 모든 나라가 그렇듯이 로마도 이탈리아 중서부의 작은 산골 마을들에서 시작해 이탈리아 반도와 지중해 세계로 팽창해 나갔다. 이 책에서 다루는 4인의 리더인 카이사르, 아우구스투스, 디오클레티아누스, 콘스탄티누스는 로마를 강력한 국가로 만드는 데에 기여한 리더들이다. 그들도 인간이기에 장점과 단점은 있다. 그럼에도 역사상 등장했던 많은 제국들 중 '영원한 로마'라고 불리는 것은 많은 부분 이들의 업적과 관계가 있을 것이다. 그것이 무엇인지 그들의 생애와 업적을 통해 알아보기 위해 이 책을 썼다.

2천 년 전과 우리가 살아가는 21세기의 생활 환경은 많이 다르지만 훌륭한 리더의 역할은 아무리 강조해도 지나치지 않다. 리더 한 사람으로 인해 나라가 흥하기도 하고 망하기도 한다. 그런 점에서 훌륭한 리더는 본인뿐만이 아니라 공동체에게도 매우 중요하다는 것을 역사가 말해준다. 역사에서 리더의 교훈을 강조한 이 책이 공동체의 리더가 되고자 하는 사람들에게, 그리고 리더를 선출해야 하는 더 많은 사람들에게 도움이 되었으면 한다.

1. 베르길리우스, 김남우 역, 『아이네이스』, 2권 707-711행, 열린책들, 2013, 106쪽.

2. 수에토니우스, 로버트 그레이브스 영역, 조윤정 역, 『열두 명의 카이사르』, 다른 세상, 22쪽.

3. 수에토니우스, 『카이사르의 생애』, 20장.

4. 수에토니우스, 『카이사르 생애』, 75장.

5. 수에토니우스, 『카이사르의 생애』, 40장; 플루타르코스, 『카이사르 전기』, 59장 참조.

6. Richardson Jr., J. *A New Topographical Dictionary of Ancient Rome*, Maryland, The Johns Hopkins University Press, 1992, p.340, saepta Iulia 항목.

7. 성경전서 개역한글판, 『누가복음』, 2장 1-5절. '가이사 아스구도'는 '카이사르 아우구스투스'를, '구레뇨'는 '퀴리니우스'를, '수리아'는 '시리아'를

지칭함.

8. 락탄티우스, 『박해자들의 죽음들』, 34, 김경현, 『콘스탄티누스 황제와 기독교』, 세창출판사, 2017. 155-156 재인용. 다만 이 책 본문과의 통일성을 위해 기독교를 그리스도교로 표기함.

9. 락탄티우스, 『박해자들의 죽음들』, 48장, 김덕수 역.

10. 락탄티우스, 『박해자들의 죽음들』, 48장, 김덕수 역.

11. 조병하, 『교부들의 신학사상』, 도서출판 그리심, 2005, 367-368쪽.

12. 조병하, 『교부들의 신학사상』, 도서출판 그리심, 2005, 369-370쪽.

Caesar
Augustus
Diocletianus
Constantinus

KI신서10000
그들은 로마를 만들었고, 로마는 역사가 되었다

1판 1쇄 발행 2021년 11월 30일
1판 4쇄 발행 2024년 12월 9일

지은이 김덕수
펴낸이 김영곤
펴낸곳 ㈜북이십일 21세기북스

서가명강팀장 강지은 **서가명강팀** 강효원 서윤아
디자인 THIS-COVER
출판마케팅팀 한충희 남정한 나은경 최명열 한경화
영업팀 변유경 김영남 강경남 황성진 김도연 권채영 전연우 최유성
제작팀 이영민 권경민

출판등록 2000년 5월 6일 제406-2003-061호
주소 (10881) 경기도 파주시 회동길 201 (문발동)
대표전화 031-955-2100 **팩스** 031-955-2151 **이메일** book21@book21.co.kr

ISBN 978-89-509-9832-5 04300
978-89-509-7942-3 (세트)